竞争

创新力　控制力

影响力

抗风险
能力

国有经济"五力"指数
构建与评价

——国有经济竞争力、创新力、控制力、影响力、抗风险能力

张　园　吴鸢莺　李浩澜　等　编著

中国电力出版社
CHINA ELECTRIC POWER PRESS

内 容 提 要

本书系统梳理了国有经济改革历程及政策要求，对国有经济竞争力、创新力、控制力、影响力、抗风险能力开展理论分析、指数指标体系和模型设计，并选取电力、石油、航空运输等行业进行"五力"量化评估，旨在从国有企业智库视角，为有关机构（企业）客观把握国有经济"五力"内涵及发展运行状态、进一步完善国企改革发展政策提供参考。

本书可供国企国资研究人员和政策决策人员、辅助行业从业者和研究者使用。

图书在版编目（CIP）数据

国有经济"五力"指数构建与评价：国有经济竞争力、创新力、控制力、影响力、抗风险能力/张园等编著. —北京：中国电力出版社，2021.5

ISBN 978-7-5198-5453-9

Ⅰ. ①国… Ⅱ. ①张… Ⅲ. ①国有企业–企业改革–研究–中国②国有企业–企业发展–研究–中国 Ⅳ. ①F279.241

中国版本图书馆 CIP 数据核字（2021）第 042555 号

出版发行：中国电力出版社
地　　址：北京市东城区北京站西街 19 号（邮政编码 100005）
网　　址：http://www.cepp.sgcc.com.cn
责任编辑：刘汝青（010-63412382）
责任校对：黄　蓓　常燕昆
装帧设计：张俊霞
责任印制：吴　迪

印　　刷：北京瑞禾彩色印刷有限公司
版　　次：2021 年 5 月第一版
印　　次：2021 年 5 月北京第一次印刷
开　　本：787 毫米×1092 毫米　16 开本
印　　张：10.25
字　　数：129 千字
定　　价：88.00 元

前 言

国有经济是我国国民经济的主导力量，是社会主义市场经济的重要组成部分。国有经济的主体是国有企业，党的十八大以来，以习近平同志为核心的党中央高度重视国有企业改革发展工作，国资国企改革加快推进。当前，我国经济已由高速增长阶段转向高质量发展阶段，国资国企改革也步入深水区和攻坚期，改革任务紧迫。党的十九届四中全会提出，要探索公有制多种实现形式，推进国有经济布局优化和结构调整，发展混合所有制经济，增强国有经济竞争力、创新力、控制力、影响力、抗风险能力（简称"五力"），做强做优做大国有资本。党的十九届五中全会指出，要提高经济质量效益和核心竞争力。在国企改革全面深入实施的攻坚阶段，准确把握国有经济"五力"的内涵要求，客观评价国有经济的运行状态，对于国资国企改革深入推进具有重要意义。

本书系统梳理了国有经济改革历程及政策要求，对国有经济竞争力、创新力、控制力、影响力、抗风险能力开展理论分析及指数指标体系和模型设计，并选取若干行业进行"五力"量化评估，旨在从国有企业智库视角，为有关机构（企业）客观把握国有经济"五力"内涵及发展运行状态、进一步完善国企改革发展政策提供参考。

本书共分为 5 章。其中，前言与概述由李浩澜、张园主笔；第 1 章国有经济发展现状与功能作用由吴莺莺、张园主笔；第 2 章国有经济"五力"理论框架研究及第 3 章国有经济"五力"指数构建与评价模型研究部分，控制力、影响力相关内容由张园主笔，竞争力、抗风险能力相关内容由吴莺莺主笔，创新力相关内容由李浩澜主笔；第4章典型行业国有经济"五力"指数实证研究部分，电力行业相关内容由李浩澜主笔，石油行业相关内容由张园主笔，航空运输行业相关内容由吴鸢莺主笔；第5章结论与展望由吴鸢莺、张园主笔。张勇、王丹、何琬、刘进等对全书进行了深入研讨，张园统稿，代高琪、曾炳昕、程佳旭校核。

在本书的编写过程中，得到了国务院国资委、国家电网有限公司、中国石油经济技术研究院、中国社会科学院、中国财政科学研究院、中国人民大学等政府部门、企业、高校专家的大力支持，在此表示衷心感谢！

限于作者水平，虽然对书稿进行了反复研究推敲，但仍难免会存在疏漏与不足之处，恳请读者谅解并批评指正！

编著者

2021 年 2 月

目 录

概　述

国有经济是我国国民经济的主导力量，国有企业是中国特色社会主义的重要物质基础和政治基础。新中国成立以来，我国国有经济从无到有，不断发展壮大，国有企业作为国有经济的主要构成，为经济社会发展提供了上百万亿元的重要生产资料和消费资料，对促进我国生产力的发展、巩固社会主义制度、促进社会主义现代化建设发挥了巨大的作用。

党的十八大以来，党中央总揽全局、系统谋划，加强顶层设计，出台了国企改革"1+N"政策体系，为新时代国企改革搭建了"四梁八柱"，国企改革也取得了历史性突破。党的十九届四中全会通过了《中共中央关于坚持和完善中国特色社会主义制度　推进国家治理体系和治理能力现代化若干重大问题的决定》，在"坚持和完善社会主义基本经济制度"部分，强调要"增强国有经济竞争力、创新力、控制力、影响力、抗风险能力"（简称"五力"），进一步将国有经济发展要求从增强活力、控制力、影响力、抗风险能力"四力"发展为"五力"，对我国新时期国有经济发展、国资国企改革的目标和主基调作出明确要求。当前，党中央、国务院部署实施国企改革三年行动，进一步推动"1+N"顶层设计、政策体系落实落地，以"施工图"的方式推动国企改革走深走实，着力补短板、强弱项，推动国有企业、国有经济高质量发展。在我国国有经济深化改革和调整攻坚阶段，客观评价国有经济的运行状态，对于支撑国资国企改革以及行业改革决策具有重要意义。

本书对国有经济竞争力、创新力、控制力、影响力、抗风险能力"五力"内涵进行系统解读，构建指数指标体系和评估方法，以电力、石油、航空运输等行业为例开展"五力"指数发展实证测算，相关内容可供国资国企研究人员和政策决策人员客观把握国有经济"五力"发展水平及变化情况，辅助行业从业者和研究者了解行业国有经济发展状态及变化情况，对提高国有经济改革发展政策的有效性、推动国有经济健康可持续发展具有创新性贡献。

本书按照"理论框架—指标体系—算法模型—行业应用"这一主线组织相

关内容，主要包括：

（1）国有经济发展现状和功能作用。从厘清国有经济内涵着手，分四个阶段总结国有经济改革历程，并剖析国有经济发展现状，从政治、经济和社会三个层面提出国有经济的功能作用，归纳我国不同改革发展时期国有经济的演变特征。

（2）国有经济"五力"理论框架。梳理国有经济"五力"提出的背景和发展脉络，对国有经济竞争力、创新力、控制力、影响力和抗风险能力的相关文献进行综述，提出本书对国有经济"五力"的内涵理解，剖析"五力"之间的内在联系。

（3）国有经济"五力"指数构建与评价模型。在明确国有经济"五力"指标体系构建总体思路、构建原则，以及评价方法的基础上，分别构建国有经济竞争力、创新力、控制力、影响力、抗风险能力指数指标体系，对具体指标的计算方法做出设计。

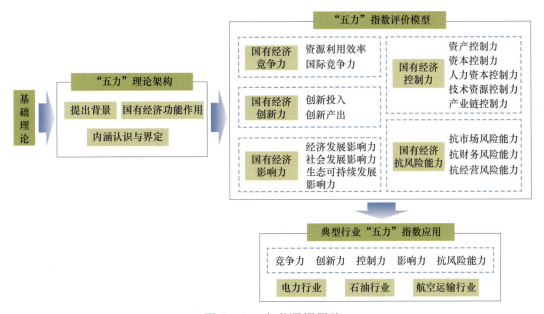

图 0-1　本书逻辑思路

（4）典型行业国有经济"五力"指数实证分析。本书选取电力、石油、航空运输行业作为实证分析行业，分别对三个行业 2013—2017 年国有经济竞争力、创新力、控制力、影响力、抗风险能力以及"五力"综合指数进行测算，并对结果做出简要分析。

国有经济发展现状与功能作用

1.1 国有经济基本概念

国有经济是指生产资料归国家所有的一种经济类型，是社会主义公有制经济的重要组成部分。根据《中华人民共和国宪法》第七条规定，国有经济，即社会主义全民所有制经济，是国民经济中的主导力量。国家保障国有经济的巩固和发展。

广义来看，国有经济包括中央和地方各级国家机关、事业单位和社会团体使用国有资产投资举办的企业，也包括实行企业化经营、国家不再核拨经费或核拨部分经费的事业单位和从事经营性活动的社会团体，以及上述企业、事业单位和社会团体使用国有资金投资举办的企业。

国有经济的主体是国有企业，在国际惯例中指一个国家的中央政府或联邦政府投资或参与控制的企业。在中国，国有企业还包括由地方政府投资参与控制的企业。我国国有企业的生产资料归全体人民共同所有，国有企业作为一种生产经营组织形式，同时具有营利法人和公益法人的特点。其营利性体现为追求国有资产的保值和增值，壮大国有经济。其公益性体现为国有企业要发挥对国民经济社会的战略支撑作用，除了履行好经济责任，还要做好民生保障、促进公平，发挥社会价值。

1.2 国有经济改革历程

改革开放四十年来，我国国有企业改革历程大体分为四个阶段：国有企业经营机制转换阶段（1979—1992 年）、现代企业制度集中建设阶段（1993—2002 年）、国有资产管理体制建设阶段（2003—2012 年）和国有资本管理体制建设阶段（2013 年至今）。

1.2.1　国有企业经营机制转换阶段（1979—1992年）

自 1978 年改革开放开始，经过普遍实施放权让利、企业承包经营，国有企业经营机制的内在矛盾开始凸显。为了进一步理顺政企关系、推进企业转换经营机制，股份制改革试点应运而生。1992 年，国务院颁布《全民所有制工业企业转换经营机制条例》，指出企业改革的关键是转换企业经营机制，重点是落实企业经营自主权。国家进一步实行税制改革，调整政企分配关系，发布《股份制企业试点办法》等配套文件，推动国有企业改革向深层次发展。

1979—1992 年，全国工业企业户数由 35.5 万户增加到 50.21 万户，年均增长 2.70%；其中，国有企业户数由 8.38 万户增加到 10.33 万户，年均增长 1.62%；国有企业总产值由 3674 亿元增加到 17 824 亿元，年均增长 12.92%。这一时期的国企改革重点在于企业内部经营机制的转换，调整企业与国家的分配关系，以放权让利调动企业的积极性。国企生产经营的自主权得到扩大，但是政府对国企生产经营活动干预过多，承包经营的机制稳定性差，企业短期非理性行为等问题依然较为严重。

1.2.2　现代企业制度集中建设阶段（1993—2002年）

1993 年至 2002 年的国企改革依据出资者所有权与企业法人财产权分离的原则，进行产权制度和经营管理体制改革。1993 年，党的十四届三中全会明确提出国有企业改革是要建立产权清晰、权责明确、政企分开、管理科学的现代企业制度。1997 年，党的十五大提出对国有大中型企业实行规范的公司制改革，抓大放小，对国有企业实施战略性改组，同时提出要实行鼓励兼并、规范破产、下岗分流、减员增效和再就业工程。1999 年，党的十五届四中全会强调坚持从战略上调整国有经济布局和结构，积极发展大型企业和企业集团，放开搞活中小企业，同时提出转变政府职能，建立权责明确的国有资产管理、监督和营运体系，保证国有资产保值增值。

1993—2002 年，全国工业企业总产值由 48 402 亿元增加到 110 777 亿元，年均增长 9.64%。在国有企业户数大幅减少的同时，国有工业企业总产值由 22 725 亿元增加到 45 179 亿元，年均增长 7.93%。在政企关系方面，国有企业公司制改造后，政府对企业的干预减少，国企开始依法自主经营、自负盈亏；在经营机制方面，由于市场机制作用的扩大，国有企业开始面向市场开展生产经营活动。但是，国有资产管理政出多门、不协调的问题日益凸显。

1.2.3　国有资产管理体制建设阶段（2003—2012 年）

这个阶段以党的十六大为开端，到党的十八届三中全会之前，是以国有资产管理体制改革推动国有企业改革的发展阶段。2003 年，国有资产监督管理机构——国资委挂牌成立，正式代表国家履行出资人职责。党的十六届三中全会提出，要建立归属清晰、权责明确、保护严格、流转顺畅的现代产权制度，进一步明确了国有资产管理的方向。2007 年，党的十七大报告提出，加快建设国有资本经营预算制度，完善各类国有资产管理体制和制度，优化国有经济布局和结构，增强国有经济活力、控制力、影响力。2012 年，党的十八大报告进一步提出，深化国有企业改革，完善各类国有资产管理体制，推动国有资本更多投向关系国家安全和国民经济命脉的重要行业及关键领域，不断增强国有经济活力、控制力、影响力。

2003—2010 年，在国有工业企业户数进一步减少的同时，国有工业企业总产值由 53 408 亿元增加到 185 961 亿元，年均增长 19.51%。积极推行股份制使其成为公有制的主要实现形式，按照现代企业制度的要求，国有大中型企业继续实行公司制改革，加强董事会建设，完善法人治理结构。各级国有资产监督管理机构的组织体系基本建立，法规体系初步形成，国有资产保值增值责任体系层层落实。但是，目前的国有资产管理体制远未"定型"，"管人、管事、管资产"的国有资产管理架构往往混同了出资人职责、政府监管和行业管理等界线，在职能定位、运营模式、治理结构等方面，仍存在深层次体制机制问题，直接影响了国有资产监管效能的充分发挥，难以真正形成发展动力和市场活力。

1.2.4 国有资本管理体制建设阶段（2013 年至今）

2013 年至今，在全面深化改革新时期下，国有经济改革发展的重点聚焦在推进混合所有制改革，以管资本为主完善国有资产管理体制。2013 年 11 月，党的十八届三中全会明确提出，积极发展混合所有制经济，鼓励国有资本、集体资本、非公有资本等交叉持股，相互融合；完善国有资产管理体制，以管资本为主加强国有资产监管，改革国有资本授权经营体制，组建若干国有资本运营公司，支持有条件的国有企业改组为国有资本投资公司。2015 年开始，政府陆续出台的"1+N"政策文件，成为指导新时期深化国有企业改革的顶层设计。其中，分类改革、混合所有制改革、以"管资本"为主的国资管理体制改革，成为新一轮国资国企改革的核心任务。从"管人、管事、管资产"向"管资本"转变的国资管理体制改革，有利于国有经济布局结构调整优化，提高国有资产运营效率，更好发挥国有资本战略导向作用，进一步增强了国有经济活力、控制力、影响力。2017 年，党的十九大报告强调，要完善各类国有资产管理体制，改革国有资本授权经营体制，加快国有经济布局优化、结构调整、战略性重组，促进国有资产保值增值，推动国有资本做强做优做大，有效防止国有资产流失。2019 年，党的十九届四中全会进一步提出，推进国有经济布局优化和结构调整，发展混合所有制经济，增强国有经济竞争力、创新力、控制力、影响力、抗风险能力，做强做优做大国有资本。在新的历史起点上，国有经济被赋予了新的功能与使命。

1.3　国有经济发展现状

1.3.1　国有经济规模持续稳定增长

据财政部统计数据显示，2013 年以来，全国国有及国有控股企业❶资产规模呈持续稳定增长趋势，年增长率基本保持在10%以上，如图 1-1 所示。2013年，全国国有及国有控股企业资产总额为 91.10 万亿元，比上年增长 12.9%，到 2017 年，资产总额增长至 151.71 万亿元，与 2013 年相比，增长趋势非常明显。其中，2015 年资产规模增长速度最快，比上年增长 16.4%。

图 1-1　2013—2017 年全国国有及国有控股企业资产总额

数据来源：财政部网站。

---

❶ 全国国有及国有控股企业，包括中央管理企业、中央部门和单位所属企业以及 36 个省（自治区、直辖市、计划单列市）的地方国有及国有控股企业，不含国有一级金融企业。

1.3.2 国有经济效益呈现新动能

2013 年以来，在资产规模增长的同时，国有企业经营效益出现较大波动，总体增速呈"V"字型发展趋势，如图 1-2、图 1-3 所示。2013 年，全国国有及国有控股企业营业总收入为 46.47 万亿元，比上年增长 10.1%，2014 年增速开始下滑，2015 年出现负增长，营业总收入下降至 45.47 万亿元，2016 年和

图 1-2　2013—2017 年全国国有及国有控股企业营业总收入

数据来源：财政部网站。

图 1-3　2013—2017 年全国国有及国有控股企业实现利润

数据来源：财政部网站。

2017 年经营状况持续好转，到 2017 年营业总收入达到 52.2 万亿元，比上年增长 13.6%。与此同时，全国国有及国有控股企业实现利润情况与营业总收入变化趋势基本一致，2017 年实现利润总额达到 2.9 万亿元，比上年增长高达 23.5%。从这些数据可以看出，国有经济发展的新动能正在逐步显现。

1.3.3　国有经济布局结构不断优化

推动国有经济布局优化和结构调整，是宏观层面国民经济高质量发展的重要内容，是中观层面行业升级创新突破的主攻任务，更是微观层面国有企业深化改革的关键目标。近年来，国有经济逐渐向关键行业和领域集中，主要体现在两大类行业：一类是具有公共属性或自然垄断性质的行业；另一类是具有较高的技术密集度和资本密集度的行业。2013—2017 年，从全国国有及国有控股工业企业主要行业分布结构（如图 1-4 所示）来看，国有企业资产规模增长幅度较大的行业包括电力、热力生产和供应业，汽车制造业，计算机、通信和其他电子设备制造业，水的生产和供应业。由此表明，国有企业已经成为引领产业转型升级的主导力量。

1.4　国有经济功能作用

1.4.1　国有经济的三大功能作用

尽管世界各国文化背景、价值观念、社会发展阶段以及经济体制改革进程存在差异，但是纵观世界各国的发展史，无论是发达国家还是发展中国家，在其不同的发展阶段和历史时期，国有经济在国民经济与社会发展中均扮演了不可替代的角色，并发挥了关键性作用。概括而言，国有经济的功能作用集中体现在政治、经济和社会三个层面。

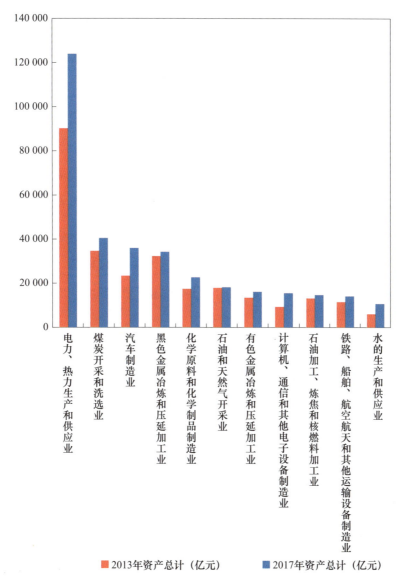

图 1-4　全国国有及国有控股工业企业主要行业分布变化情况

数据来源：《中国统计年鉴 2014》《中国统计年鉴 2018》。

在政治层面，国有经济在一国政治稳定中的功能作用，突出表现在以下两个方面。**一是实现国家政治安全的重要保障**。任何一个国家的和平发展和人民的安居乐业都需要建立在一个安定的国内发展环境之上，这是最基本的政治诉求。作为后发国家，在技术、生产规模、管理水平等方面普遍落后于发达国家的国情下，若任由自由市场竞争，势必导致国家安全难以获得有效保障，因此需要通过国有经济来保障国家安全。通过由国有经济主导国防军工、信息、能源、粮食安全等涉及国民经济命脉的关键行业和重要领域，能够有效保障我国的国家安全。**二是推动国家重大战略的重要载体。**产业转型、区域发展、全球化等重大国家战略的实施与落地，都离不开国有企业群体的引领和示范。近几十年来，全球贸易总量快速扩张，产业链的全球分解加速发展，资本的全球流动愈加快速和庞大，跨国公司的主导作用更加突出，大型国有企业是跨国经营的主要群体。虽然近几年，全球化遭遇逆流，世界发展进入动荡期，但世界各国已经深度联结，为保障本国企业、产业、国民经济的利益，大型跨国企业更加积极参与全球治理规则的制定，而这种参与需要借助于国有经济这一重要载体。

在经济层面，国有经济在一国经济发展中的功能作用，突出表现在以下五个方面。**一是国家宏观调控的重要手段，保障国家经济平稳增长。**在我国社会主义市场经济条件下，由于国有经济的主体国有企业实现了生产资料公有制与生产社会化的统一，能够使国家的宏观调控更有效、更自觉、更及时，国有企业能够坚决贯彻落实党中央、国务院决策部署，兼顾经济责任、政治责任和社会责任，以减少市场调节的盲目性和自发性，完全服从于国民经济、社会发展需要，在宏观调控中发挥拉动投资、保障民生就业的重要作用，保障国民经济平稳增长。**二是发展基础设施和公用事业，提供公共产品。**在市场中，如邮政、铁路、机场、港口、桥梁、大型水利工程、国防、水电煤气等基础设施和公用事业领域，由于投资规模大、回收期长、较难看到盈利性，具有公共产品属性，不适合私人部门运营，而需要由国有经济来主导，西方发达国家这一领域也往往由国有经济来承担。**三是经营自然垄断属性的业务，在保障产品和服务供给水平时，提高行业经营效率。**自然垄断性业务主要包括铁路、输配电网、石油天然气管网、自来水管网等，由于存在巨大的规模经济效应，这些业务往往具有投资规模巨大、投资回报周期长、承担的社会普遍性服务高、社会效益高而企业收益率低等特点，私人资本往往没有能力也不愿意进入，同时又属于关系国民经济命脉的重要领域和关键行业，因而需要国有经济部门来承担相应责任。**四是集中资源攻克核心技术难关，引领战略性新兴产业发展，推动产业转型升级。**战略性新兴产业是未来产业转型升级的方向，关键核心技术研发是战略性新兴产业发展的基础。但是，由于前期所需的巨大投入及市场前景的高度不确定性，导致在这些技术密集型、资本密集型的产业领域，明显存在资本市场失灵现象，需要通过国有经济集中资源攻坚克难，推动技术赶超的步伐，推动我国产业转型升级。**五是带动非公有制经济共同发展。**国有经济主体和非公有制经济主体存在合作发展的利益基础，同时又具有很强的互补性。国有经济主体在实现做强做优做大的同时，按照市场经济要求转换经营机制，与其他类型经济主体通过共同投资、交叉持股等方式，可以带动非公有制经济的进一步健康发展，进一步巩固我国公有制为主体、多种所有制共同发展的基本经济制度。

　　在社会层面，国有经济在一国社会保障中的功能作用，突出表现在以下四个方面。**一是实现公共目标。**国有企业肩负着"盈利性"和"公共性"双重目标，作为国民经济的主体，能够在实现经济发展的同时，兼顾实现社会公共目标。从实践角度看，国有经济在肩负社会责任方面有着更积极的态度和更多作为。另外，由于完善的社会保障体系尚未建立，借助于部分国有经济主导的商业网络来执行公共政策，政府往往能够更加精准地、低成本地、便捷地实现公共目标。**二是实现就业增长。**社会主义制度要求国有经济主体在提高生产经营效率的同时，要努力创造就业岗位；在遭遇经济波动时，要努力通过提高效率等方式来缓解危机，与工人阶级共渡难关。回顾新中国成立70多年发展历程，国有企业在解决职工就业、维护职工权益方面，发挥了不可替代的作用。**三是缩小收入差距。**国有企业推动收入差距的缩小主要通过以下渠道来实现：第一，实施按劳分配为主体的分配方式，能够有效缓解收入差距的扩大；第二，实施倾斜式的投资和产业布局，努力推动区域平衡发展和城乡一体化进程，能够有效缓解收入不平衡；第三，在做强做优做大国有企业和国有资本的过程中，通过不断提高国有资本收益上缴公共财政比例，更多地用于保障和改善民生，有利于抑制两极分化和缩小社会贫富差距。**四是促进社会文化建设**。国有企业不仅创造了巨大的物质财富，也为社会提供了丰富的精神财富。一方面，国有经济的主体国有企业在改革和发展过程中形成了丰富多彩的企业文化，构成了国家文化体系的重要组成部分；另一方面，通过广泛开展群体性文化活动，国有经济主体为传播先进文化理念、提高广大人民群众的文化素质发挥了重要作用。

1.4.2 我国国有经济功能作用的演变

改革开放 40 多年来，我国社会主义基本经济制度不断完善，国有经济布局战略性调整持续推进，国有企业综合素质与市场竞争力不断增强。国有经济的功能定位也在逐步发生改变，由早期"全领域的数量控制导向"转变为"关键领域的质量控制导向"，尽管国有经济在竞争性领域所占比重明显下降，但其发展质量和引领带动作用进一步增强。尤其是伴随新时期国资国企改革的深入推进，国有经济正在加速向高质量发展阶段转变，一批国有企业正在迈向具有国际竞争力的世界一流企业。与此同时，在国内营商环境持续优化、竞争政策不断完善的背景下，逐渐形成国有经济与非国有经济共同发展、互促共赢的良好格局。分析国有经济的功能作用演变，必须立足于我国国有企业改革进程历史地看待。

改革开放 40 多年来，我国国有经济在国民经济中的地位作用，总体上保持着一致性，同时在不同的发展阶段又体现出一定的差异性。纵观中国 40 多年来的改革与发展，国有经济控制国民经济命脉和对经济发展起主导作用的基本功能并没有发生根本性转变，国有经济在国民经济中的地位作用，总体上具有一致性。但是，在不同的历史时期，国有经济在国民经济中的相对地位和作用，则会呈现出阶段性的特征。国有经济在国民经济中的地位作用，受到计划与市场关系调整的影响，总体而言朝着增强国有经济竞争力、创新力、控制力、影响力、抗风险能力的方向发展，促使国有企业主动适应并借助市场规则做大做强。但是在不同的发展阶段，做大做强国有企业所面临的主要矛盾有所不同。十八届三中全会以来，分类改革成为指导国资国企改革的核心思路，对于不同类型国有企业的功能定位进行了明确区分，从而推动国有经济进入高质量发展的轨道。

国有企业改革是中国经济体制改革的最重要、最复杂、最困难的部分。**国有企业在国民经济中的地位作用的变化，与中国四十多年改革开放的路径、战略和方向基本一致，主要沿着如下轨迹展开。一是宏观层面**，在渐进式改革的过程中，国有企业改革按照国家经济体制改革在不同阶段的目标，采取了分阶段改革的策略。在不同的改革阶段，国有企业的功能作用都有相应调整。总体而言，这些调整都是服从于国家经济体制改革的战略目标而采取的手段。**二是微观层面**，国有企业改革也是"摸着石头过河"的过程，根据不同改革时期国有企业改革发展面临的突出问题，对国有企业的功能作用进行了权衡取舍，并且呈现出中央指导与地方实践相互补充的特点。**三是机制层面**，我国国有企业改革的总体方向，是逐渐引入市场经营机制，建立和完善中国特色现代企业制度和国有资本监管制度，将国有企业塑造成践行国家发展战略和贯彻新发展理念的市场主体。

按照上述轨迹，我国国有企业在国民经济中的地位作用变化，大致可以分为三个阶段。第一阶段是在计划与市场关系探索阶段（1978—1992年）的国有企业地位调整，在提高国有企业活力的首要目标下，通过一系列的"放权让利"改革举措，试图保持和增强国有企业在促进国民经济改革发展中的作用。第二阶段是在中央确立建设社会主义市场经济体制时期（1993—2012 年），在国有企业改革的制度创新中，如何在多种经济成分共同发展的基本经济制度下，保持和提升国有企业在国民经济中的控制力和影响力。第三阶段是在全面深化改革时期（2013 年之后），如何在以混合所有制为社会主义基本经济制度的时期，按照国有企业功能分类，对不同类型的国有企业的功能作用进行更为精准的界定，并采取差异化的手段深化改革，进一步提高国有企业的竞争力、创新力。

国有经济"五力"理论框架研究

2.1　国有经济"五力"提出背景与发展脉络

坚持公有制为主体是我国社会主义初级阶段基本经济制度的重要内容之一。改革开放以来，随着经济社会的发展，国有经济在我国经济社会中的地位和作用与时俱进发展和变化，国有经济发展的目标和要求也在逐步调整。从党的十五大以来，历次重要的中央会议上都对国有经济改革与发展的方向、目标和任务进行了阐述。

党的十五大报告提出要加强国有经济主导作用，创造性提出国有经济控制力的概念；十六大报告要求，对关系国民经济命脉和国家安全的行业和领域加强控制，并加快竞争性领域国有企业资产的退出；十七大报告提出，增强国有经济活力，实现关键行业和领域有控制、非关键行业和领域有影响；十八大报告中提出，要毫不动摇巩固和发展公有制经济，推行公有制多种实现形式，不断增强国有经济活力、控制力、影响力；2015年中央全面深化改革领导小组第十三次会议强调，坚持党的领导是我国国有企业的独特优势，把国有企业做强做优做大，不断增强国有经济活力、控制力、影响力、抗风险能力（简称"四力"）；十九大报告指出，加快国有经济布局优化、结构调整、战略性重组，发展混合所有制经济，培育具有全球竞争力的世界一流企业。党的十九届四中全会作出的《中共中央关于坚持和完善中国特色社会主义制度推进国家治理体系和治理能力现代化若干重大问题的决定》中，在"坚持和完善社会主义基本经济制度"部分，强调要"增强国有经济竞争力、创新力、控制力、影响力、抗风险能力"，进一步将国有经济"四力"发展为"五力"。

由此可见，伴随外部环境的变迁和国有经济自身的发展，从早期强调增强国有经济的"控制力"，到重视发挥国有经济的"带动力"和"影响力"，到激发国有经济的"活力"，提升国有经济的"抗风险能力"，再到进一步要求提升

"竞争力""创新力",国有经济的功能定位在与时俱进地更新发展,"五力"的内涵也在不断丰富,具体如图 2-1 所示。

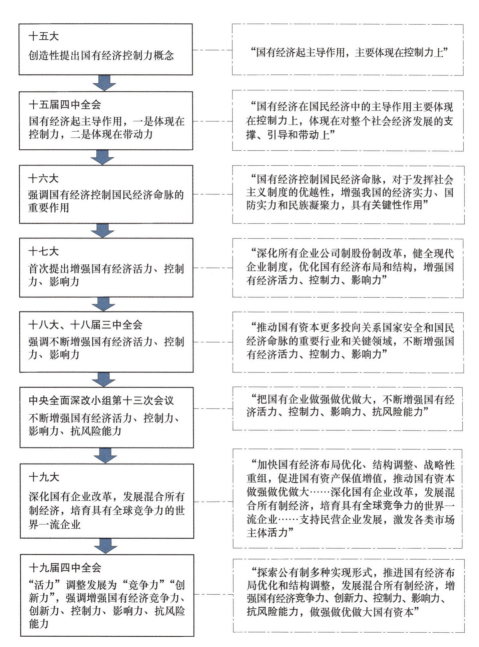

图 2-1 国有经济"五力"发展脉络

2.2 国有经济"五力"理论研究进展情况

2.2.1 国有经济竞争力的理论研究综述

现有文献对于国有经济"竞争力"的研究，主要包括以下两个层面：一是宏观层面国有经济的竞争力影响因素和内涵研究，二是微观层面国有企业竞争力的影响因素和评价研究等。

宏观层面，国内外学者对于国有经济竞争力的研究分析主要集中在国有经济竞争力的地位作用和实现方式两个方面。

一是国有经济竞争力的地位作用。国有经济是推动现代化建设的主导力量，国资国企改革发展在改革发展大局中举足轻重、影响深远。深入推进国资国企改革，不断优化体制机制，提高企业的经营效率，使利润贡献率、企业实力进一步提高和增强，实现国企发展协同发力，加快提升国有经济综合竞争力，切实发挥国有经济在我国现代化建设进程中的引导、支撑和保障作用，为率先基本实现现代化大业打牢基础。

二是国有经济竞争力的实现方式。肖亚庆（2019）❶指出，国有企业的地位作用决定了其必须在振兴我国实体经济中承担重要责任，发挥重要作用，作出重要贡献。主业是企业竞争优势的集中体现，国有企业需要聚焦主业、突出主业，只有明确主业发展目标和重点，集中优势资源把主业做强做实做精，才能更好地在振兴实体经济中发挥骨干作用。提升主业竞争力，要求国有企业强化战略引领，明确主业发展目标和重点，坚定不移聚焦主业、突出主业，推动技术、人才、资金等各类资源要素向主业集中，不断增强核心业务的盈利能力

---

❶ 肖亚庆. 在提升国有经济发展质量上狠下功夫——加快培育具有全球竞争力的世界一流企业［J］. 人民论坛，2018（18）：6-9.

和市场竞争力。丁志铭、丁晓钦[1]（2004）认为，国有经济主导竞争力要素指标的研究可以分为三个层次：宏观层次的主导竞争力，也即国有经济在整个国民经济中的主导竞争力；中观层次的主导竞争力，即国有经济在不同产业中的主导竞争力；微观层次的主导竞争力，即国有企业在各种经济类型企业中的竞争力。

微观层面，国内外学者对于国有经济竞争力的研究分析主要聚焦在研究企业竞争力上，主要从产品层、制度层、核心层展开。关于产品层，包括企业产品生产及质量控制能力、企业的服务、成本控制、营销等。关于制度层，包括各经营管理要素组成的结构平台、企业内外部环境、资源关系、企业运行机制、企业规模、品牌、企业产权制度等。关于核心层，包括以企业理念、企业价值观为核心的企业文化、内外一致的企业形象、稳健的财务、拥有卓越的远见和长远的全球化发展目标等。

王晓阳（2016）[2]指出，国有大中型企业在我国国民经济发展过程中发挥着重要作用，直接影响着我国的经济命脉。影响国有企业核心竞争力的构建因素主要包括企业文化、组织结构、人力资源、研发能力等方面，提高国有大中型企业核心竞争力的途径主要通过重视产品定位和科技创新培育企业核心竞争力，打造高素质的人才队伍保障企业核心竞争力的不断积累，重视国有大中型企业的文化建设提高管理水平，打造学习型企业组织保持持久的竞争优势四个方面。

高玉婷（2016）[3]通过构建中央企业国际竞争力评价体系，与世界500强企业进行对比分析。研究发现，中国企业"大而不强"，盈利水平与国外一流企业相比有较大差距，劳动生产率和技术创新能力有较大的提升空间。没有质量的发展不是科学发展。只有不断增强企业的生命力、竞争力，才能让企

---

[1]　丁志铭，丁晓钦. 国有经济主导竞争力指标体系研究［J］. 经济体制改革，2004（2）：84－88.

[2]　王晓阳. 国有大中型企业核心竞争力的研究［J］. 中国商论，2016（20）：72－73.

[3]　高玉婷. 中央企业国际竞争力的多维度评价——与世界500强企业进行对比分析［J］. 中国流通经济，2016，30（9）：116－126.

业走得更远。

王运陈等（2020）[1]指出，目前企业的发展更强调的是质量高而不是速度快。国有企业是国民经济的中流砥柱，许多因素阻碍着国有企业的高质量发展。作为中国经济发展的基础，其竞争力甚至影响中国在世界经济体中的地位。混合所有制改革的根本目的就是激发国有企业的活力和竞争力。研究表明，国有企业在产权方面应优先考虑混合外资资本，在投资者类型上优先考虑金融机构投资者，通过一企一策，理解混合资本的作用机理，把握好改革的力度以充分发挥其优势。

2.2.2　国有经济创新力的理论研究综述

现有文献对于国有经济"创新力"的研究，主要包括以下两个层面：一是宏观层面国有经济的创新力来源和内涵研究，二是微观层面国有企业创新力的构成和评价研究等。

在宏观层面，国内外学者对于国有经济创新力来源和内涵的分析虽然各有侧重，但主要集中在以下三个方面：

一是国有经济创新力的范围和作用。李政（2020）[2]认为国有经济的创新力不仅是国有企业的创新力，还包括国有资本的创新力、混合所有制企业的创新力。国有经济创新力是国有经济控制力、影响力和抗风险能力的关键因素和支撑条件，是国有资本和国有企业做强做优做大的前提和基础。

二是国有企业的变革能力和竞争力。薛文才（2004）[3]认为国有经济的创新力就是国有企业在市场中将资源要素进行有效的内在变革，从而提高其内在

[1] 王运陈，左年政，谢璇. 混合所有制改革如何提高国有企业竞争力? [J]. 经济与管理研究，2020，41（4）：49-61.
[2] 李政. 增强国有经济创新力的理论基础与实现路径 [J]. 政治经济学评论，2020，11（2）：52-58.
[3] 薛文才. 从企业生命周期理论看国有商业银行创新力与控制力的平衡 [J]. 金融研究，2004（7）：73-79.

素质、驱动企业获得更多的与其他竞争企业的差异性的能力。

三是国有经济的科技创新潜力与能力。朱洁琼（2020）[1]认为国有经济创新力的重要内涵指的就是国有经济在科技创新方面的潜力与能力，科技创新能力则包括基础研发能力以及技术创新能力，且地位要高于理论创新和制度创新。

在微观层面，学者普遍将国有经济的创新力理解为国有企业的科技创新能力，将中大型骨干国有企业作为研究的重点对象，研究其创新能力的构成维度和评价指标等。具体包含以下几个视角：

一是能力视角，认为国有企业创新力就是科技创新能力的集中反映，是对其所拥有的科技创新各种资源的有效利用的能力。崔金栋等（2019）[2]认为国有企业创新力应包含企业基础储备能力、企业项目研发能力、企业成果应用能力、企业项目自主能力；王昕等（2015）[3]选取持续创新能力、项目管理能力、成果创造运用能力作为国有企业创新力的集合。

二是结果视角，认为国有企业的专利总量、专利授权率、全球化以及引证影响力等是其创新力的体现。梁晓捷、王兵（2017）[4]从专利信息出发，将国有企业创新力的表现看作人均专利产出量、专利存活率、发明授权比等量化指标。

三是资源视角，将国有企业创新力看作所投入的人才资源、设备资源、资金资源等的集合，基于这一视角对国有企业进行创新力评价。时彩舒

[1] 朱洁琼. 增强国有经济创新力的理论与实现策略 [J]. 中小企业管理与科技（中旬刊），2020（10）：47–48.
[2] 崔金栋，高志豪，洪恩喜. 中韩供电企业创新模式与创新能力比较研究 [J]. 科技管理研究，2019，39（12）：1–10.
[3] 王昕，周育忠，陈宇. 基于 AHP 的南方电网分（子）公司科技创新能力评价研究 [J]. 创新科技，2015（3）：30–35.
[4] 梁晓捷，王兵. 基于专利信息的国内外钢铁产业技术创新能力评价 [J]. 管理学报，2017，14（3）：382–388.

（2018）[1]通过研究发现，技术进步、企业家精神、人力资源、财力资源、基础设施与环境资源和组织管理资源等会正向影响国有企业创新力。

2.2.3 国有经济控制力的理论研究综述

现有文献对于国有经济"控制力"的研究，主要聚焦以下几组关系：一是全面控制力与局部控制力的关系；二是数量控制力与质量控制力的关系；三是静态控制力与动态控制力的关系；四是主导控制力与保障控制力的关系。

关于**全面控制力与局部控制力**，学者普遍认为，国有经济控制力是国有经济在国民经济中的主导地位的核心体现。但是，国有经济控制力并不是一概而论的，重点体现在关系国家安全和国民经济命脉的重要行业和关键领域的控制。王荣红（2009）[2]认为，国有经济控制力是指国有经济在关系国民经济命脉的重要部门、关键领域和战略产业处于支配地位。李杰、段龙龙（2013）[3]认为，整体上看国有经济的控制力有所削弱，应该在七大具有绝对控制力的关键行业和九大具有相对控制力的行业，保证国有经济的控制力，在竞争性领域，以优胜劣汰来增强国有经济活力。张林山、刘现伟（2015）[4]认为，在涉及国家安全和国民经济命脉的行业和重要矿产资源领域、提供重要公共产品和服务的行业，国有经济应当占据主导地位。

关于**数量控制力与质量控制力**，多位学者指出，国有经济控制力不能仅仅从数量和比重来看，还应关注质量方面的控制力，以及功能方面的控制力。因此，国有经济绝对比重的增减，并不等同于实质控制力的高低。张明之

[1] 时彩舒. 国有企业与民营企业创新动力、创新资源及创新绩效的比较研究 [D]. 长春：吉林大学，2018.

[2] 王荣红. 关于国有经济控制力与国有经济结构战略调整的思考 [J]. 改革与战略，2009（1）：43－45.

[3] 李杰，段龙龙. 国有经济主导作用弱化的深层次因素分析 [J]. 四川大学学报（哲学社会科学版），2013（3）：53－61.

[4] 张林山，刘现伟. 不断增强国有经济的活力、控制力、影响力 [J]. 中国经贸导刊，2015（16）：23－26.

（2013）❶认为，国有经济控制力包含不同层面的含义，因此衡量指标也存在差异：一是数量控制论，即根据国有经济的产值、资产或国有企业数量来计算；二是质量控制论，即国有经济不仅要在数量上保持优势，更主要的是体现在"质"的方面，在国民经济重要行业和关键领域，国有经济要占支配地位。李钢、何然（2014）❷提出，国有经济控制力包含数量和质量两个方面。从"量"的方面看，国有经济的控制力一定体现在规模上，要在国民经济中占一定比例；从"质"的方面看，国有经济要有合理的产业分布，通过在关系国民经济命脉的部门、关键领域和战略产业实行国家所有制，支配国民经济发展的方向，将有限的国有资源投入到关乎国民经济命脉的重要领域，提高资源配置效率。

关于**静态控制力与动态控制力**，有学者指出，对于国有经济控制力的理解，在不同的阶段也会发生变化。国有经济控制力，既表现在当前的控制力，也表现在未来的引领力。周新城、王世崇（2012）❸认为，国有经济控制力不仅表现在对"现在"的控制上，而且也应表现在对未来先进生产力的引领上。"现在控制"是指国有经济发挥国家宏观调控的基础性作用、执行国家方针政策的先锋作用、履行社会责任的表率作用，以及拉动经济增长、促进社会科学发展等功能。"未来引领"是指国有经济及国有企业必须在关系中国未来社会发展的基础理论研究、重大科技攻关、缩小贫富差距、保护生态环境、建设社会主义核心价值体系等关键问题上发挥基础性作用。

关于**主导控制力与保障控制力**，一些研究突破了既定的范式，对国有经济控制力的概念进行了延伸，从支配和主导能力拓展到调节能力、保障能力等多个方面，尤其强调国有经济对于经济安全和社会稳定的重要意义。国家

---

❶ 张明之. 产业控制力视野中的国有资本战略性调整 [J]. 现代经济探讨, 2013（3）：25 - 29.
❷ 李钢, 何然. 国有经济的行业分布与控制力提升：由工业数据测度 [J]. 改革, 2014（1）：124 - 137.
❸ 周新城, 王世崇. 国有经济控制力问题研究 [J]. 黑龙江社会科学, 2012（4）：52 - 55.

统计局课题组（2001）[1]认为，国有经济控制力包括两方面的能力——国有经济对国民经济的调节能力和保障能力。调节能力是指国有经济通过对支柱产业的支持，促进国民经济整体平稳较快增长的能力；保障能力是指国有经济保障国家经济安全和社会稳定的能力。这一解读被后来的许多文献所采用。陈鸿（2012）[2]认为，国有经济控制力是国有经济作为一种综合性的经济力量对整个国民经济发展进行控制、调节、导向、保障、带动等支配力量的综合。

2.2.4　国有经济影响力的理论研究综述

现有文献对于国有经济"影响力"的研究，主要集中于两个层面：一是宏观层面的国有经济影响力及其表现形式；二是微观层面的国有企业影响力及其表现形式。

在宏观层面，学者指出，国有经济影响力可以在多个领域有所表现，包括政治领域、经济领域和社会领域。同时，多位学者强调了国有经济影响力既包括直接影响，也包括产业关联和带动的间接影响。

王正宇（2013）[3]认为，对国有经济的影响力可以从两个方面来观察。一方面，党和国家关于宏观经济的导向及其相关政策措施，国有经济必须率先践行、率先而为。国有企业的实体规模、经营业绩、经济效益、市场占有、产品份额、产业拉动、就业贡献等，要能够在经济发展全局中产生重大影响。另一方面，这种影响力还体现在对经济社会发展进步所产生的积极影响，例如，国企发展自身面临的改革深化，其社会责任担当，包括廉洁从业、奉公守法，包括和谐劳资关系，包括人才培养使用、节约资源、环境保护、回报股东、企业

---

[1]　国家统计局课题组. 对国有经济控制力的量化分析 [J]. 统计研究，2001（1）：3-10.

[2]　陈鸿. 国有经济布局 [M]. 北京：中国经济出版社，2012.

[3]　王正宇. 不断增强国有经济活力控制力影响力 [J]. 群众，2013（6）：51-52.

文化、企业的核心竞争力等。

在微观层面，有关企业影响力的研究，学者一般从企业对政府的政治影响力、企业对市场的影响力、企业声誉和品牌影响力，以及企业履行社会责任绩效等方面进行分析。

于建原、赵淳宇（2009）❶认为，企业影响力主要体现为市场影响力，其含义是指能在相关市场上持续保持高于竞争水平的价格，并且不因销量减少而利润受损。张长海（2010）❷将企业影响力定义为企业主动影响政府以实现自身想要结果的能力。作者认为，政治关系是企业影响力的表现之一，但不是企业影响力的全部，作者后续采用政治关系来代替企业影响力。田惠敏、韩乃志（2014）❸强调，在全球化竞争背景下，海外市场影响力是企业影响力的重要表现之一。中国企业海外影响力的强弱是随着中国企业"走出去"的规模和水平，由小变大，由弱到强。在此基础上，从现状、制约因素、对策三个方面对中国企业海外影响力进行了深入阐述。

2.2.5　国有经济抗风险能力的理论研究综述

对于抗风险能力的相关理论研究，大多集中于微观企业层面，并主要关注财务领域的指标。近年来，随着国有企业多元化经营，越来越多的企业从实业领域拓展到金融领域，从国内市场拓展至海外市场，同时深化改革过程中出现了更多的混合所有制企业，使得国有经济增强抗风险能力显得更加迫切。学者的研究主要聚焦于三个领域。

一是对于业务多元化企业的风险研究。汤吉军、安然（2015）❹分析了国

---

❶ 于建原，赵淳宇. 市场影响力对企业创新绩效影响的分析及建议［J］. 经济社会体制比较，2009（6）：168-172.

❷ 张长海. 企业影响力、会计稳健性与资源配置效率［D］. 广州：暨南大学，2010.

❸ 田惠敏，韩乃志. 中国企业海外影响力现状、制约因素与对策［J］. 中国市场，2014（23）：15-22.

❹ 汤吉军，安然. 国有企业跨国并购风险防范的制度研究［J］. 经济体制改革，2015（3）：118-123.

有企业跨国并购的风险，其中特别指出由于并购带来的业务多元化以及资源整合风险，即在并购活动完成后，对被并购企业的有形资源的重组和无形资源的整合出现的不确定性带来的并购失败的风险。于上游、朱雪华（2017）[1]认为，许多央企进入金融领域，控股金融机构，为实体主业经营提供服务支持，以创造更大的综合经济效益是一种必然的趋势。在国资委监管的 113 家央企中，有近 80%的央企不同程度地介入金融业务。但风险和收益是相伴随的，产融结合在带来巨大收益的同时，不可避免地带来风险。

二是对于混合所有制企业的风险研究。汤吉军、安然（2016）[2]指出，国有企业混合所有制改革面临三个风险。第一，价值风险，一方面是缺乏对自身资产的合理评估，导致以严重低估的价格出售企业，造成国有资产流失；另一方面，是在混合所有制改革中信息不对称问题普遍存在，国有企业对民营企业和外资企业的实际经营情况、存在问题和发展前景很难清楚掌握。第二，决策风险，是指国有企业和非国有企业在就企业的战略目标、经营模式、员工安置、权利义务、退出机制等问题进行谈判时，由于主客观原因导致有些关键问题未被谈及或未明确落实，决策的失误导致后来在经营过程中出现纠纷和风险。第三，整合风险，主要是指企业进行混合所有制改革后的实际运营和管理过程中，对双方企业的有形资产和无形资产的整合出现的不确定性带来的风险。作者进一步提出，从创造竞争性市场结构、健全有效率的治理结构、积极转变政府职能、完善保障性法律体系四个方面进行风险防范。

三是对于企业抗风险能力构成要素的研究。周晓丹（2011）[3]提出，"抗风险能力"这一概念是由"风险"概念延伸而来的，国内外学者尚未形成统一的

---

[1] 于上游，朱雪华. 央企金融业务风险防范 [J]. 中国金融，2017（1）：87-88.

[2] 汤吉军，安然. 发展混合所有制经济的风险防范与治理 [J]. 江汉论坛，2016（5）：18-22.

[3] 周晓丹. 外向型中小企业抗风险能力评价研究 [J]. 商业文化，2011（3）：151-152.

定义，普遍将其理解为风险或者说不确定性的防范和抵御能力，指面临危机和威胁时企业自行调动资源应对风险的能力，主要用于衡量系统的健康程度、运行状况等。抗风险能力初步分解为企业外部环境和内部因素两方面，包括外贸能力、管理能力、创新能力、技术与生产能力四个维度进行测量。作者采用模糊综合评价法，进一步构建了外向型中小企业抗风险能力的评价指标体系。孙良斌、喻晓玲（2011）❶认为，企业抗风险能力包括市场销售能力、盈利能力、运营能力、成长能力、偿债能力。作者选取新疆生产建设兵团 13 家上市企业 2007—2010 年数据为研究对象，构建企业抗风险能力指标体系，实证分析了金融危机和后金融危机时代危机对兵团不同上市企业及企业不同指标的影响。作者由实证得出指标影响程度大小为：盈利能力＞成长能力＞运营能力＞市场销售能力＞偿债能力。

2.3　国有经济"五力"基本内涵及其关系

在综合考察国有经济"五力"政策发展脉络和理论研究进展的基础上，根据本书主要研究目的，笔者对国有经济"五力"的基本内涵进行归纳和概括，为构建评价体系和开展指数评估奠定基础。

2.3.1　国有经济竞争力的内涵

（一）对国有经济竞争力的认识

竞争力是一国经济发展、参与国际竞争中赢得主动的根基。对国有经济竞争力的认识，主要从经济发展和参与国际竞争两个角度展开。

从功能作用看，国有经济竞争力是经济实现高质量发展的根本动能。党的

❶ 孙良斌，喻晓玲. 后金融危机时代新疆兵团上市企业抗风险能力的实证分析 [J]. 发展研究，2011（9）：46－49.

十九大报告指出，中国经济已由高速增长阶段转向高质量发展阶段。总书记关于发展实体经济的一系列重要论述，将振兴实体经济的重要性提到了新的战略高度。从宏观来看，国有经济是整个国民经济发展的重要支撑，国有经济对市场提供产品服务作出重要贡献，是国家先进生产力的代表，对国家生产力具有促进作用。国有企业大多处于关系国家安全和国民经济命脉的重要行业和关键领域，作为我国国民经济的重要支柱，在建设社会主义现代化强国中肩负着重大职责使命，在实现我国经济高质量发展中承担着重要历史任务。从微观来看，国有企业是国有经济的基本组织形式，国有企业是市场经济的重要主体，通过开展生产经营活动参与市场竞争，集中配置各类要素和多种资源，为满足市场需求提供产品和服务，创造经济价值，同时为积累社会财富，创造就业岗位，促进经济发展。国有企业的地位作用决定了国有企业必须提升自身综合实力，增强核心竞争力，在振兴我国实体经济中承担重要责任、发挥重要作用、作出重要贡献。

从本质特征看，国有经济竞争力是国有经济发展效率的集中反映。从经济活动的过程视角看，国有经济的效率体现为国有经济的市场主体对人才、资本、技术等关键要素的吸引、配置和利用效率。微观层面就表现为具体的国有企业的经营管理效率。企业在产品市场上面对竞争对手，要努力创新、提升技术、稳定质量、降低成本，以强势营销去抢占市场份额、追求利润最大化，是企业核心竞争力的最终结果反映。国有经济竞争力集中体现了国有企业的总体投入—产出效率以及未来发展潜力。

从全球视角看，国有经济竞争力还体现在国有企业国际化发展所展现的综合实力。党的十九大报告提出深化国有企业改革，培育具有全球竞争力的世界一流企业，要求国有企业向具有全球竞争力的世界一流企业看齐，全面推动国有企业不断提升竞争力。随着我国经济发展与全球经济深入融合，国有企业"走出去"是提升国有经济国际竞争力的重要组成部分。近年来，国际经济格局出现重大变化，中美经贸摩擦持续加剧，国际竞争格局呈现复杂多变的形势。国有经济要在全球产业结构调整和国际分工变化背景下推进企业国际化战略，强化海外市场拓展，加快推进优势产业"走出去"。国有企业要主动嵌入全球化生产体系，并在全球产业链中进行产业升级和转型，要充分利用国家和产业提供的有力支持，形成特定领域的国际竞争优势。

（二）对国有经济竞争力的内涵界定

企业竞争力是指：在竞争性市场条件下，企业通过培育自身资源和能力，获取外部可寻资源，并综合加以利用，在为顾客创造价值的基础上，实现自身价值的综合性能力；在竞争性的市场中，一个企业所具有的能够比其他企业更有效地向市场提供产品和服务，并获得盈利和声望。

习近平总书记指出："我国经济是靠实体经济起家的，也要靠实体经济走向未来。不论经济发展到什么时候，实体经济都是我国经济发展、在国际经济竞争中赢得主动的根基。""建设现代化经济体系，必须把发展经济的着力点放在实体经济上，把提高供给体系质量作为主攻方向，显著增强我国经济质量优势。"

基于上述分析，综合考虑企业竞争力的内涵和国有经济的功能定位，对国有经济竞争力的内涵界定为：国有经济"竞争力"核心是指通过高效地吸引、配置和利用资本、人才、技术等关键要素，提高经济活动的要素投入—产出比，实现有效地向市场提供产品和服务并转换为经济发展动力，在国内市场竞争和参与全球化市场竞争中获得盈利和声望。主要由两个部分构成：一是国有经济内在要素活力，体现为企业资源利用效率，是国有企业在市场中生存发展壮大的根本保障；二是外在的国际竞争实力，体现为国有企业在参与全球化市场竞争中具备的综合实力，是国有企业国际竞争力的结果体现。

2.3.2 国有经济创新力的内涵

（一）对国有经济创新力的认识

创新是引领发展的第一动力，创新力是国有企业活力的重要体现，是效率和竞争力的重要来源。

坚持创新在发展全局中的核心位置。2020 年 6 月中央全面深化改革委员会第十四次会议上，提出要增强国有经济竞争力、创新力、控制力、影响力、抗风险能力，将以往提升国有经济活力的要求进一步明确为增强"竞争力"和"创新力"。习近平总书记围绕创新发表系列重要讲话，多次作出指示批示。党的十九届五中全会指出，要坚持创新在我国现代化建设全局中的核心地位，把科技自立自强作为国家发展的战略支撑，强化国家战略科技力量，提升企业技术创新能力，激发人才创新活力，完善科技创新体制机制。当前，新一轮科技革命与产业变革加速推进，技术创新能力在全球竞争中的地位作用越发凸显，在这个关键时间节点，"创新力"对国有企业具有比以往任何时刻都更重要的特殊意义。

充分发挥中央企业科技创新国家队作用。国有企业拥有天然的资源禀赋优势，在国计民生领域和基础领域承担着骨干作用和先锋作用，是国民经济稳定和发展的基石，但体制机制僵化、创新力不足的问题一直广受诟病。国有企业与国际领先企业之间的竞争差距集中体现在"创新力"上，体现在新兴产业领域、核心技术、产业模式和产品创造力上存在的短板和弱项。企业是科技创新的主体，国有企业是科技创新的重要阵地，中央企业是科技创新的国家队。国家出台系列重要政策鼓励国有企业加强创新能力，强调要推动中央企业把科技创新作为"头号任务"，打造原创技术策源地、科技人才高地，加快关键核心技术攻关，为科技自立自强更好发挥战略支撑作用。

坚持问题导向抓紧补齐创新短板。基于"投入—过程—产出"全链条分析，从投入端看，尽管与过去相比有了较大提升，但总体上国有企业创新重视不够、投入不足，资金、人才等关键创新要素存在缺口。从过程端看，国有企业创新管理水平有待提升，创新组织体系不健全、流程制度不配套、部门协同效率不高等问题较为突出。从结果端看，国有企业创新发展的效果不理想，创新成果水平有待提高，创新成果的转化应用亟待加强。因此，国有企业迫切需要打造贯通的创新链条，强化创新投入，完善创新管理体制机制，自主掌握关键核心技术，并提升科技成果转化利用水平。

（二）对国有经济创新力的内涵界定

熊彼特认为，所谓创新就是要"建立一种新的生产函数"，即"生产要素的重新组合"，就是要把一种从来没有的关于生产要素和生产条件的"新组合"引进生产体系中去，以实现对生产要素或生产条件的"新组合"。熊彼特认为创新具体包括五个方面，即提供新产品、采用新的生产方法、开辟新市场、获取新的原材料或半成品供应来源、采用新的组织方式，后人将这五个方面概括为产品创新、技术创新、市场创新、资源配置创新、组织创新。

习近平总书记指出，当今世界，科技创新已经成为提高综合国力的关键支撑，谁牵住了科技创新这个牛鼻子，谁走好了科技创新这步先手棋，谁就能占领先机、赢得优势。重大科技创新成果是国之重器、国之利器，必须牢牢掌握在自己手上，必须依靠自力更生、自主创新。

基于上述分析，本书主要从科技创新的视角界定国有经济"创新力"，其核心是指国有经济主体通过有效实施创新投入、开展创新活动，实现创新驱动发展的能力，包括技术进步、知识增长、人力资本提升等。从投入产出来看，主要由两个部分构成：一是创新投入，是企业科技创新需求的保障条件，主要反映在科技研发资金投入、研发人才投入、科技创新管理人才资源上；二是创新绩效，是企业科技创新全过程实施最终产生的结果，表现为企业科技创新带来的技术进步和产生的经济效益。

2.3.3　国有经济控制力的内涵

（一）对国有经济控制力的认识

对国有经济控制力的认识需要从多个维度全面理解和认识。

从基本经济制度来看，国有经济要控制"有度"，要有利于促进多种经济形式共同发展。"以公有制为主体、多种所有制经济共同发展"是我国社会主义初级阶段的基本经济制度，在社会主义市场经济中，已经形成公有制经济与非公有制经济、国有经济与非国有经济共同发展的局面。国有经济控制力的显示，必须体现社会主义市场经济体系中多种经济共同发展这个基本特征。国有经济是社会主义市场经济体系中的一个成员，从一般意义上讲，国有经济同其他经济形式之间是平等的主体关系。同时，国有经济又是社会主义市场经济体系中的一个特殊成员，其特殊性就在于它在多种经济运行体系中要发挥主导作用。因此，国有经济发展不追求"大而全"，控制的领域要"有所为有所不为"，控制策略有进有退。

从控制的层次来看，国有经济控制力既体现在宏观层次，也体现在微观层次，两者相辅相成。宏观层次的控制是对国民经济整体运行的控制。国有经济进行宏观控制，必须抓住重点资源、重点产业、重点企业和重点产品，还要抓住一些关键性的环节，以点带面，带动全局。微观层次，国有企业承担着从事经济运营和实现国有资本保值增值的重要责任，要通过控股、参股、联合等企业组织形式实现对微观经营活动的控制。在这个过程中，国有企业必须不断提高、壮大经济实力，带动行业发展，参与国际竞争。国有经济的微观控制是宏观控制的基础，宏观控制又是微观控制的前提和体现。

从控制的形态来看，国有经济控制力包括对物的控制和对价值的控制，尤其要注重对价值的控制。在社会主义市场经济中，商品的存在形态分为物质形态和价值形态，国家重要的经济资源，特别是不可再生的经济资源如土地、矿藏等，需要以实物控制为主，以价值控制服务于实物控制；而其他大量的可再生商品，如机器设备、原材料等，则以控制价值形态为主，更利于考察这些资本商品的流通和增值状况。国有经济的控制应注重价值控制，注重资本价值的运行变化和保值增值，因此，要特别重视通过资本市场来扩充国有资本，促进产权流动和集中。

从控制的状态来看，国有经济的控制力既有静态，也有动态，尤其注重对控制力变化的动态把握。从静态看，国有经济的控制力表现为国有资产、国有资本的比重和分布；从动态看，国有经济的控制力表现为国有资产、国有资本、效益效率增量幅度及结构变化，国有资产结构和国有经济所占比重的变动。国民经济在市场机制的调节作用下，经常处于运动、变化和发展之中，不同经济形式存在的状况、结合的领域和方式都在运动中进行着调整和重组，因此，国有经济的控制力要更多地从动态上进行把握和分析。

从控制力的表现形式来看，国有经济控制力既表现在数量上，也表现在质量上，更应关注质量控制。国有经济的数量表现为绝对量和相对量。国有经济的绝对量（如资产规模、资本规模等）必须保持上升态势，促使国有经济的整体实力不断增强。国有经济的相对量指国有经济在国民经济中所占份额或比重，这在不同行业、不同发展时期会呈现出有升有降的态势，但总体上会伴随着多种所有制经济共同发展的社会主义市场经济体制的完善逐步下降。国有经济的质量控制，主要体现在控制力的实现效果是否有效，比如是否控制了关键行业、关键领域，是否控制了关键资源、关键环节等。国有经济数量控制力的下降并不意味着控制力的必然降低，而在于是否真正发挥了主导作用，在于能否影响、协调其他经济共同发展。

（二）对国有经济控制力的内涵界定

经济控制力主要是指国民经济大系统中的某种所有制或某些产业和企业，对部分或全部产业的运行发展，进而对国民经济运行发展的主宰能力和支配能力。

马克思在《政治经济学批判》导言中指出："在一切社会形式中都有一种一定的生产支配着其他一切生产的地位和影响，因而它的关系也支配着其他一切关系的地位和影响。"

在本书中对国有经济控制力的内涵界定如下：

国有经济控制力核心是指通过掌握和利用资产、资本、技术、人力等资源要素，来实现在关系国家安全和国民经济命脉的重要行业和关键领域、支柱产业和新兴产业以及社会公共部门发挥主导作用，协调其他所有制经济共同发展，从而保障国家安全、维护社会稳定、引领经济高质量发展，体现为以要素控制为基础的、以数量控制和质量控制为表现形式的实力与能力。

国有经济控制力统筹包括宏观、行业和企业三个层次。宏观视角下，国有经济的控制力体现为全部国有经济成分对整个国民经济运行发展的主导和支配实力与能力。行业视角下，国有经济控制力体现为某个行业中国有经济成分对整个国民经济运行发展的主导和支配实力与能力。企业视角下，国有经济控制力体现为国有企业的控制力。国有企业的控制力主要是从对国有独资公司的资产或其他联合企业中的国有产权的控制力来实现（或表现）的。

需要指出的是，国有经济控制力在不同的发展时期有不同的发力方式和控制手段，大体包括三个典型的发展阶段：**第一阶段以侧重关注数量控制为基本特征**，即强调国有经济必须牢牢掌控国民经济的各个领域、各个角落，典型代表时期是新中国成立后到改革开放以前；**第二阶段以关注行业结构控制、更加注重质量控制为基本特征**，强调"要从战略上调整国有经济布局"，国有经济在不同的行业"有进有退""有所为有所不为"，代表时期为改革开放以后至党的十八届三中全会之前，国有经济在国民经济中的比重持续下降，国有企业数量持续减少，国有经济在食品、纺织、仪表等一般竞争性行业逐渐退出，而在石油天然气、电力、水等生产和供应等行业持续强化，保持绝对控制；**第三阶**

段以关注关键环节控制、更加注重有效控制为基本特征，进一步强化了"抓住关键少数"的原则，在需要控制的行业内部做进一步区分，强调控制行业内的关键资源、关键技术和关键权力，以更小的国有经济规模实现对关键行业的有效控制。

2.3.4　国有经济影响力的内涵

（一）对国有经济影响力的认识

国有经济发挥影响力，主要是要国有企业通过自身做强做优做大，在经济、社会、生态等方面发挥引领和带动作用，在促进经济发展、体现社会责任、落实绿色发展理念等方面发挥积极作用。

一是国有企业要在促进经济发展方面发挥重大影响。从国有经济对经济发展的影响来看，其作用既有对国民经济发展的直接贡献，如 GDP 贡献率等；也有对经济增长的间接作用，体现在对关联行业的带动或推动效应（如影响力系数和感应度系数），国有经济要充分利用企业规模大、技术实力强等优势，在工业产值、资金利税贡献等方面发挥自身的影响，成为促进经济发展的重要力量；同时，国有企业也应在促进相关产业转型升级方面发挥积极作用，促进产业结构不断优化调整。

二是国有企业要在体现社会责任方面发挥积极作用。国有企业是国民经济的重要支柱，是全面建成小康社会、实现"两个一百年"奋斗目标的重要力量。同国际上流行的企业社会责任概念相比，国有企业的特殊属性决定了其要承担更多的社会责任。既要不断提高经济效益和劳动生产率，实现国有资产保值增值；又要在扩大就业、奉献社会等方面作出贡献，促进经济社会又好又快发展。

三是国有企业要在落实可持续发展方面发挥带头作用。我国经济社会发展与资源环境约束的矛盾日益突出，环境保护面临严峻的挑战，深层次的社会矛盾开始凸显。国有企业要积极落实绿色发展理念，既要推进经济发展和社会进步，又要促进自然和谐，科学使用人力、自然力、社会物力和财力资源，积极发展绿色经济，促进清洁低碳转型，为建立资源节约、绿色低碳、生态保护型的社会发挥积极作用。

（二）对国有经济影响力的内涵界定

目前，理论界对国有经济影响力的内涵研究主要集中在产业[1]或企业层面，被用来解释企业行为。产业影响力是指由于某一产业的发展，使整个国民经济及其重要组成部分（如宏观经济、微观经济、城乡经济、产业经济、投资与消费等）在这一产业的作用下，所发生的总量与结构以及运行效率的变化。用经济学的语言来讲，产业影响力就是产业外部性的总称，而外部性又可分为正的外部性和负的外部性。正的外部性，是指产业的发展对宏观经济增长、区域经济发展、社会发展、消费扩大、相关产业的增长以及经济运行效率提高等方面所产生的促进作用。负的外部性，是指产业的发展对国民经济上述各方面所产生的促退效应。

在本书中，对国有经济影响力的内涵界定如下：

国有经济影响力核心是指国有经济通过强化自身发展，发挥对产业链上下游的带动作用，实现对国民经济增长的拉动、对社会福祉的贡献和对可持续发展的促进。增强国有经济影响力，就是要求国有企业在促进经济发展、彰显社会责任、落实绿色可持续发展等方面发挥重要作用。

国有经济发挥影响力核心要依靠国有企业，在不同的时期和条件下，国有企业作用发挥的侧重点会随社会经济发展状况和自身发展情况的不同而有所不同。但总的来讲，国有企业要成为促进经济繁荣、促进社会进步和生态绿色

---

[1] 产业是国民经济以某一标准划分的部分，是属于微观经济与宏观经济单位之间的具有某种同一属性的企业集合，包括三个层次：第一层次是以同一商品市场为单位划分的产业；第二层次是以技术、工艺的相似性划分的产业；第三层次大致以经济活动的阶段为根据，将国民经济划分为若干大部分所形成的产业。

可持续的"三个主体"。

第一，国有企业通过带动上下游相关产业的发展，以此带动国民经济整体的发展，**是带动产业发展的主体。**任何企业的生产活动通过产业之间相互联结的波及效果，必然影响其他产业。通过对主导产业和先导产业等关键性领域的投资，以及对非国有经济的辐射、转让和推广，带动和促进整个国民经济的技术进步和产业的升级换代。主导产业是指在一国或地区经济发展的一定阶段，具有广阔的市场前景和较强的技术进步能力，对经济发展起导向性和带动性作用。主导产业对于产业结构的调整和总体经济水平的提高有着重要而特殊的作用。因此，国有经济影响力也可以称为产业影响带动力，即在促进资本积累和带动相关产业发展方面发挥积极作用。

第二，国有企业的发展关系到社会资源优化配置的整体成效乃至社会的和谐与稳定，**是承担社会责任的主体。**国有经济是社会主义公有制的实现形式，其理论所有者是全体人民，资产和利润最终由人民共享。由于国有企业在我国社会主义公有制经济中的特殊地位、性质及功能，其在贯彻国家政策、保持国内经济趋势平衡、促进国家经济良性发展的同时，在其效用函数中也应包括社会责任、全民福利等更为丰富的内容。这种内化于国有经济的根本属性，决定了国有经济出于政治义务要承担起一系列特殊的社会责任，如更多地吸纳就业、参与社会公益事业、在"急难险重"时刻挺身而出等。

第三，国有企业投资行为具有导向作用，符合国家经济转型与产业结构优化的方向，**是绿色低碳转型发展的主体。**国有企业作为党领导下的企业，代表最广大人民的根本利益，其资本投向和发展方向要有利于经济社会可持续发展，一定程度上可以作为政府调节市场的有力工具和载体。通过运营国有资产，转变生产工艺，发展绿色生产，推动绿色消费，推动绿色经济体系建设，促进经济社会发展建立在高效利用资源、严格保护生态环境、有效控制温室气体排放的基础上，在统筹推进高质量发展和高水平保护方面担当作为，促进我国绿色低碳循环发展经济体系建设，确保我国生态环境可持续发展。

2.3.5 国有经济抗风险能力的内涵

（一）对国有经济抗风险能力的认识

国有经济抗风险能力要依赖于国有企业对于风险的驾驭和防范能力，对其内涵的认识，一方面要厘清抗风险能力的本质，另一方面也要从企业经营发展的表现上进行审视。

抗风险能力的本质是应对内外部环境的不确定性。国有经济抗风险能力本质上是应对未来不确定性对经济运行影响的能力，这种不确定性风险可能来自快速变化的市场环境、宏观经济政策、不可抗力、产业发展周期及技术进步等外部不确定条件对于国有企业维持健康稳定运行的冲击，也可能来自国有经济自身运行过程中存在的内部风险，如来自经营决策、运行管理、投资、偿债和财务管控等方面存在的问题。

抗风险能力的核心是抵御风险的能力和防范力，能力的基础是国有经济的健康程度和可持续发展能力，防范力的基础是健全的企业治理结构。首先，国有经济的抗风险能力基于**国有经济自身的经营状况和运转情况的健康程度**，国有经济主体的资产质量、盈利能力、偿债能力等，形成了国有经济抗风险能力的基础。同时，由于抗风险能力是一种抵御未来不确定性的能力，因此，不仅需要国有经济当下的经营情况和运转情况健康，还需要**国有经济具有可持续发展的能力，以应对未来的不确定性可能带来的冲击**，例如持续优化的产业结构、新兴产业布局、高新技术研发水平、新产品的开发能力，均为企业的可持续发展奠定了必要基础。其次，国有经济对于风险的控制力基于**国有经济中的国有企业个体健全的企业治理结构**，是否具有健全的企业治理结构决定了企业是否具有组织风险治理的基本机制，在治理结构之下，企业的参与各方能够就各自所面对的不确定性和风险进行交易，为国有经济的风险防范力奠定了基础。

抗风险能力的外在表现为抗市场风险能力、抗经营风险能力、抗财务风险能力。一是国有经济能够在波动的国际国内市场环境下保持可持续稳定发展的能力；二是国有经济能够抵抗来自其内部的各类经营决策风险的能力；三是国有经济能够规避财务风险提升盈利能力的能力。

（二）对国有经济抗风险能力的内涵界定

抗风险能力指的是企业、组织面临危机时的应付能力，可以衡量一个组织、企业的健康程度和资本状况、行业状况等。

本书中，对国有经济抗风险能力的内涵界定如下：

国有经济抗风险能力核心是指国有经济抵抗内外部环境变化带来的损失的不确定性的能力，即国有经济对国际国内市场变化的应对能力、对内部经营决策风险的防范能力、对财务风险的抵御能力，表现为应对市场风险、防范经营风险和抵御财务风险三位一体的能力。

本书中，考虑到与其他几个"力"的衔接关系以及实践应用需要，国有经济抗风险能力更侧重对微观国有企业的衡量，即主要考察国有企业抵御风险的综合能力。在宏观层次和行业层次，国有经济抗风险能力有其特殊内涵。在国民经济宏观视角下，国有经济的抗风险能力更加突出地表现为国有经济成分的布局结构、所占比重是否与经济社会所处发展阶段相适应，是否有利于经济的稳定发展，是否有利于抵御国内外的环境风险。在行业层次上，国有经济抗风险能力是指产业结构、发展方式与发展质量是否与国民经济社会的发展阶段相适应，是否有利于保障国有资产的保值增值，是否有利于行业生产力的提升等。

2.3.6　国有经济"五力"的内在联系

国有经济竞争力、创新力、控制力、影响力和抗风险能力是一组互为支撑、相互协同的"共同体","五力"不可分割又各有侧重,是国有经济发挥特定功能和重要作用的根本保障。

总体而言,提高"创新力""竞争力"是新阶段国有经济发展的核心任务,与"创新""开放"的发展理念内在相融;"控制力"体现了国有经济发展肩负的重要使命,是国有经济竞争力、创新力、影响力和抗风险能力的重要前提与基础,与"协调"的发展理念高度耦合;"影响力"是国有经济发展质量的综合外在表现,与"绿色""共享"的发展理念具有内在一致性;"抗风险能力"是国有经济发展的核心保障,是国有经济"五力"发展目标中对于稳健性、健康程度、抗冲击能力的论述,紧密呼应了"协调""开放"等发展理念。

具体分析,"五力"反映了国有经济不同维度的发展状况,同时分别涵盖了不同的层面,包括要素层、行为层和绩效层。其中,竞争力反映在绩效、行为层面,创新力反映在要素、行为和绩效三个层面,控制力主要反映在要素和行为层面,影响力集中体现为绩效表现,抗风险能力重点突出行为能力和绩效表现。国有经济"五力"的内在联系见表 2–1。

表 2–1　　　　　　　　国有经济"五力"的内在联系

层面	竞争力	创新力	控制力	影响力	抗风险能力
绩效	具有较强的国际竞争优势	科技创新成果突出,具有较大的成长潜力	—	对经济、社会、生态的影响带动作用	实现稳健发展与可持续经营
行为	提高资源利用效率	坚持创新驱动发展	掌握重要产业链的关键环节	—	有应对市场风险、防范经营风险和抵御财务风险的能力
要素	—	具有较高的研发投入强度,获得相应的创新产出	有效掌握、占有和占用要素资源的数量	—	—

国有经济"五力"指数构建与
评价模型研究

3.1　评价方法基础分析与指标设计原则

3.1.1　指标体系构建的基本方法

3.1.1.1　国有经济"五力"指标体系的构建思路

国有经济"五力"指标体系应坚持经济发展的短期目标与长期发展相结合，坚持五个力评价维度内在统一又各有侧重，坚持定性定量相结合，但以定量和客观指标为主的原则。

指标体系构成上，国有经济"五力"指标体系分为国有经济竞争力、创新力、控制力、影响力、抗风险能力五个方面，每个方面包含若干维度，在维度下设置具体的评价指标，这些指标是体现国有经济"五力"目标的核心发展指标。每一个维度、每一个指标拥有不同的权重，为国有经济"五力"的实证分析奠定基础，可用于某一时点的静态评价或某一时期的动态比较。

操作步骤上，首先，回顾有关理论研究，梳理经济管理实践中有影响力的指标体系，为国有经济"五力"的指标体系构建提供参考。其次，结合当前国内外新形势对国有经济高质量发展的更高要求，充分考虑国有经济的功能定位与发展要求，科学设计国有经济"五力"关键性、操作性强的评价指标。最后，基于相关分析方法，确定各维度、各指标权重，构建起完整的评价指标体系。

3.1.1.2　国有经济"五力"指标体系的构建原则

（1）**SMART** 原则。评价指标必须是**具体的**（Specific），要切中特定的工作指标；指标必须是**可以衡量的**（Measurable），即可以被量化，验证这些指标的数据或者信息是可以获得的；指标的目标水平设置是**可以达到的**

（Attainable），即在付出一定努力的情况下可以实现，需要避免过高或者过低的目标；指标选择与**其他指标具有一定相关性**（Relevant）；此外，指标的目标设定须具有一定时限（Time-bound），**属于一定阶段内的指标目标**。

（2）**承接性原则**。指标体系的构建须以习近平新时代中国特色社会主义思想为指导，贯彻"创新、协调、绿色、开放、共享"新发展理念，承接党中央对国有经济深化改革、实现高质量发展的部署要求，立足国有经济发展实际，构建科学有效的指标体系。

（3）**简洁性原则**。指标体系的构建应尽可能用相对少而且独立的指标体现出指标维度最本质、最核心的状态，避免指标过多，难以操作与衡量。

（4）**引领性原则**。指标体系的构建要能够体现国有经济高质量发展的根本性、关键性、长远性方向、特征与趋势，既要为国有经济的发展状态给予整体性的有效评价，又要能够为国有经济提高发展质量提供前瞻性的抓手。

（5）**开放性原则**。指标体系的构建需要注重党中央对国有经济发展的最新指导思想，同时也要注意到国有经济微观主体的极端重要性，需要密切关注宏观环境变化、社会需求发展等，持续更新和完善国有经济"五力"评价指标体系。

3.1.2   评价方法设计

3.1.2.1   指标综合评价合成方法

在多指标综合评价中，合成是指通过一定的算式将多个指标对事物不同方面的评价值综合在一起，以得到一个整体性的评价。可用于合成的数学方法有很多，常见的合成模型有加权算术平均模型、加权几何平均模型，或者加权算术平均和加权几何平均联合使用的混合模型。三种模型都有各自的特点和适用场合，并没有优劣之分。因此，选择合适的模型，就要根据被评价事物的特点，对模型的数学性质和特点进行分析。

本书中，部分指标有较强的关联性，部分指标之间的关联性较弱，指标之间差异较大，故宜采用加权平均法计算指标得分。加权算术平均模型中每个指数（综合指标）由原始的指标共同构成，基本结构为

$$I_i = a_1 X_1 + a_2 X_2 + \cdots + a_n X_n$$

上述计算的关键是指标数值的标准化和权重的确定。

3.1.2.2　指标权重设置方法

权重是以某种数量形式对比、权衡被评价事物总体中诸因素相对重要程度的量值。在多指标综合评价中，权重的确定直接影响着综合评价的结果，权重数值的变动可能引起被评价对象优劣顺序的改变，科学确定指标权重在多指标综合评价中至关重要。

目前国内外综合评价方法有数十种。根据权重确定方式，可以将其分为三大类型。第一类是主观评价法，其基本原理是对指标进行主观赋权，然后将数据标准化后加权汇总，如专家会议法、德尔菲法、层次分析法等。第二类是客观评价法，主要包括两种：一种是采用客观赋权法确定指标权重，然后进行加权汇总，如熵权法、变异系数法、复相关系数法等；另一种是不需要赋权的系统方法，如主成分分析法、因子分析法等。第三类是主客观相结合的赋权法，首先采用主观赋权方法确定权重，然后采用系统方法进行综合处理，如模糊综合评价法等。

单纯的客观评价方法不考虑不同指标的重要性，完全依靠数据计算。实践中，人们往往更多地考虑管理活动的导向性等问题，因此在具体确定权重时经常采取经验法、专家意见法、专家会议法、层次分析法四种方法。

经验法，即企业管理者或专家根据经验对指标的权重进行赋值。这类方法的优点是可以充分考虑经验因素和管理的导向性，但问题是对某一个指标过分看重或者过分轻视，都会带来不良后果。

专家意见法，又称德尔菲法，具体方法是邀请行业内资深专家匿名对指标

赋予权重，多次论证后求均值。其优点在于有较高的说服力，易为员工接受。

专家会议法，具体方法是根据规定的原则选定一定数量的专家，按照一定的方式组织专家会议，发挥专家集体的智能结构效应，从而做出判断的方法，与德尔菲法相比，此法中专家是见面的。

层次分析法，这种设计优点在于可以利用较少的定量信息使决策的思维过程数学化，从而为多目标、多准则或无结构特性的复杂决策问题提供简便的决策方法。缺点是结果不够直观，可操作性较弱，确定权重之间的相对重要度也带有一定的主观色彩。

本书综合采用专家意见法和层次分析法进行指标权重的设计。一方面，既能充分发挥业内资深专家对评价导向的经验把握，以及对评价内容的指导作用；另一方面，又能在经验判断的基础上进行定量化的处理，提高权重体系的科学性。

3.1.2.3　指标数据处理模型

（1）定基分析。定基分析是指在一定时期内将任一时期的数据与固定某一期的数据（即基期）进行比较。以固定期数据水平为100，如果计算期的数据高于100，表示这一时期的数据较基期有所上升；若低于100，表明这一时期的数据水平下降。进行定基分析的目的在于观察数据变动长期趋势及其规律。从定基分析的作用来看，主要有两个方面：一是能够剔除数量结构变化对年度环比指数数据的影响，单纯反映年度数据的变化趋势，从而加强对数据变动的影响分析；二是定基指数计算针对固定基期的数据变动幅度。

（2）均值替换法。在变量十分重要而所缺失的数据量又较为庞大时，个案剔除法会导致许多有用的数据被剔除。围绕这一问题，其中采取的一个方法是均值替换法。均值替换法将数值型缺失值用其他所有对象的取值的平均值进行替代。将变量的属性分为数值型和非数值型来分别进行处理。如果缺失值是数值型的，就根据该变量在其他所有对象的取值的平均值来填充该缺失的变量值；如果缺失值是非数值型的，则根据统计学中的众数原理，用该变量在其他所有对象的取值次数最多的值来补齐该缺失的变量值。均值替换法也是一种简便、快速的缺失数据处理方法。使用均值替换法插补缺失数据，对该变量的均值估计不会产生影响。但这种方法是建立在完全随机缺失假设之上的，而且会造成变量的方差和标准差变小。

3.2　国有经济竞争力指数模型构建

3.2.1　国有经济竞争力指数评价维度

3.2.1.1　国有经济竞争力评价的有关研究

关于国有经济竞争力的评价，已有研究从国有经济竞争力的内涵、特征、评价等角度展开，代表性研究及主要结论见表 3-1。

表 3-1　　　　　　　　国有经济竞争力评价代表性研究

作者	主要观点
金碚[1]（2003）	企业竞争力表现为更有效地提供产品或服务，同时能使自身良性发展。企业竞争力的指标可以分为测评性指标和分析性指标两大类，构建了包括销售收入、利润总额、拥有专利数等 16 个指标的企业竞争力监测指标体系
张晓文等[2]（2003）	基于系统理论的观点，对企业竞争力的概念及其特征进行了界定和分析，构建了企业竞争力的函数关系式。把企业竞争力评价内容分成基本要素、评价要素、指标层和操作层 4 个层次，评价指标体系由 11 个评价要素、30 项评价指标组成，包括"企业对同行业发展状况的了解""企业品牌知名度"等 11 项定性评价指标，以及"资产负债率""资产总额"等 19 项定量评价指标

---

[1] 金碚. 企业竞争力测评的理论与方法 [J]. 中国工业经济，2003（3）：5-13.
[2] 张晓文，于武，胡运权. 企业竞争力的定量评价方法 [J]. 管理评论，2003（1）：32-37，63.

续表

作者	主要观点
胡大立等[1]（2007）	企业竞争力来自四个基本维度：一是企业所处的环境；二是企业所拥有或控制的资源；三是企业所拥有的能力；四是企业的知识。这四大因素从不同的层次上决定企业竞争力。企业竞争力是在外部环境与企业内部资源、能力、知识的互动过程中形成的。设计了包含运营能力、组织结构等 12 大要素，总资产周转率等 70 个指标充分评估企业显在竞争力和潜在竞争力
魏海燕[2]（2013）	《世界竞争力年鉴》是世界范围内最具有影响力的国家竞争力评价报告。2001 年以来的四大要素评价体系包括经济运行、政府效率、企业效率和基础设施。其中，企业效率维度从企业创新、盈利和社会负责等方面评价竞争力
莫雪健[3]（2017）	构建的基于中国视角的国家竞争力评价体系中，金融市场成熟度、市场规模、创新、商务成熟度、劳动市场效率和技术准备度是国家竞争力最为重要的六个影响因素

3.2.1.2　国有经济竞争力评价框架设计

结合相关研究，本书认为，国有经济的竞争力需从经济增长的角度去理解。静态地看，竞争力是国有经济当前发展效率的反映；动态地看，竞争力又是国有经济实现未来长远发展的重要驱动。国有经济竞争力的核心内涵与本质特征是国有经济发展的效率，从宏观来看，是整个国民经济发展的支撑，包括对整个国民收入的促进作用、在参与全球化市场竞争中的引领作用。从微观来看，强调的是国有经济发展的总体投入—产出效率以及国有经济发展的综合实力和未来发展潜力。具体来看：

首先，将生产过程视为一个黑箱，从投入—产出的角度看，效率是进行经济活动时所消耗和使用的要素投入与经济活动总成果之间的比较。对于一定时

[1] 胡大立，卢福财，汪华林. 企业竞争力决定维度及形成过程 [J]. 管理世界，2007（10）：164－165.

[2] 魏海燕.《世界竞争力年鉴》评价体系研究及其思考 [J]. 科技管理研究，2013，33（5）：58－61，70.

[3] 莫雪健. 中国视角下的国家竞争力评价体系设计与应用研究 [D]. 天津：天津财经大学，2017.

期的经济活动而言,给定投入的产出越多,或达到一定目标所使用的投入越少,就表明经济增长效率越高。从经济活动的过程视角看,即把投入与产出之间的黑箱打开,国有经济的效率体现为国有经济的市场主体对人才、资本、技术等关键要素的吸引、配置和利用效率。微观层面就表现为一个个具体的国有企业的经营管理效率。

其次,从经济长远发展的视角看,国有经济的"竞争力"意味着实现高质量发展。国有经济要走在高质量发展前列,在推动我国经济社会发展过程中发挥更大作用,要以增强发展活力、提高效率为中心,提高核心竞争力。

因此,国有经济竞争力可以从"内生"的要素活力和"外在"的竞争实力两个维度评价。内在要素活力体现为企业资源利用效率,外在竞争实力体现为国有企业在参与全球化市场竞争中具备的综合实力,评价框架如图3-1所示。

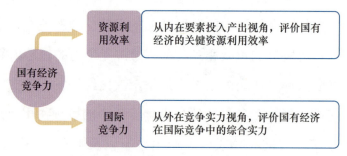

图3-1　国有经济竞争力评价框架

3.2.2　国有经济竞争力评价指标体系

本书对国有经济竞争力的指标体系构建和定量分析侧重于对国有企业竞争力的评价。评价国有经济的竞争力,是指评价国有经济市场主体的发展能力和市场地位,重点从国有企业的资源利用效率和国际竞争力两个方面进行评价。基于上述国有经济竞争力的内涵和评价维度，构建形成国有经济竞争力评价指标体系，见表 3-2。

表 3-2　　　　　　　　国有经济竞争力评价指标体系

维度	指标
资源利用效率	总资产周转率
	营业收入增长率
	净资产收益率
	人均利润率
国际竞争力	财富世界 500 强排名
	世界品牌 500 强排名
	海外资产占比

3.2.3　国有经济竞争力指数计算模型

3.2.3.1　国有经济的运行效率计算方法

总资产周转率是指企业在一定时期内销售（营业）收入同平均资产总额的比值。总资产周转率是综合评价企业全部资产的经营质量和利用效率的重要指标。周转率越大，说明总资产周转越快，反映出销售能力越强。企业可以通过薄利多销的办法，加速资产的周转，带来利润绝对额的增加。计算方式：总资产周转率=营业收入净额/平均资产总额。

营业收入增长率是指企业本年营业收入增加额对上年营业收入总额的比率，反映增收能力。计算方式：营业收入增长率=（营业收入增长额/上年营业收入总额）×100%。其中，营业收入增长额=营业收入总额-上年营业收入总额。营业收入增长率大于零，表明企业营业收入有所增长。该指标值越高，表明企业营业收入的增长速度越快，企业市场前景越好。

净资产收益率又称股东权益报酬率/净值报酬率/权益报酬率/权益利润率/净资产利润率，是衡量公司盈利能力的重要指标。净资产收益率是指利润额与平均股东权益的比值，该指标越高，说明投资带来的收益越高；净资产收益率越低，说明企业所有者权益的获利能力越弱。该指标体现了自有资本获得净收益的能力。计算方式：净资产收益率=净利润/平均净资产×100%。

人均利润率是指企业在一定时期内利润总额与企业职工总人数之间的比率。它表示在一定时期内平均每人实现的利润额，是一项侧重从劳动力利用的角度来评价企业经济效益的综合性指标。计算方式：人均利润率=利润总额/职工平均人数。

3.2.3.2 国有经济的国际竞争力计算方法

财富世界 500 强排名根据国有企业在《财富》世界 500 强企业的排名衡量，具体计算方法用行业内进入《财富》世界 500 强的企业排名取倒数求和。

世界品牌 500 强排名根据国有企业在 INTERBRAND 世界品牌 500 强企业的排名衡量，具体计算方法用行业内进入世界品牌 500 强的企业排名取倒数求和。

海外资产占比=行业国有经济海外资产总额/行业资产总额。

3.3 国有经济创新力指数模型构建

3.3.1 国有经济创新力指数评价维度

3.3.1.1 国有经济创新力评价的有关研究

国内学者从能力视角、结果视角、创新链条视角、资源视角、科技创新生态视角等角度开展了国有经济创新力的相关研究，代表性观点见表 3-3。

表 3-3　　　　　　　　不同视角下的国有经济创新力研究

视角	作者	主要观点
能力视角	徐立平等[1]（2015）	构建山东省企业创新能力评价指标体系，从创新投入能力、创新研发能力、创新生产能力、创新产出能力、创新营销能力、创新管理能力等6个维度构建指标体系
	王昕等[2]（2015）	选取持续创新能力、项目管理能力、成果创造运用能力为评价指标，对南方电网省级公司科技创新能力进行评价
结果视角	张元[3]（2008）	从经济效益、直接技术效益、技术积累效益、社会效益四个创新产出方面来对企业的科技创新进行评价
创新链条视角	李静[4]（2019）	从创新环境、创新投入、技术获取能力、创新产出四个方面构建工业企业创新能力评价指标体系
资源视角	时彩舒[5]（2018）	市场竞争压力、技术进步、企业家精神、人力资源、财力资源、基础设施与环境资源和组织管理资源会正向影响国有企业与民营企业的创新绩效
科技创新生态视角	王昕[6]（2009）	从知识创新、工艺创新、产品创新、市场营销创新、制度创新、管理创新、组织创新等方面对我国移动通信产业链创新系统进行评价

3.3.1.2　国有经济创新力评价框架设计

国有企业是我国实现科技自主自强的国家队，要始终将创新摆在发展战略全局的核心位置，依靠创新实现企业发展动能转换，形成"做强做优"和"提质增效"的强大引擎，推动企业持续发展、基业长青，真正将企业打造为国家战略科技力量。

结合相关研究，本书认为国有经济创新力具体包括创新投入和创新产出两个方面。**一是增强创新投入**。主要反映央企在创新方面的资源承诺和投入情况，

[1] 徐立平，姜向荣，尹翀. 企业创新能力评价指标体系研究 [J]. 科研管理，2015（S1）：122-126.
[2] 王昕，周育忠，陈宇. 基于 AHP 的南方电网分（子）公司科技创新能力评价研究 [J]. 创新科技，2015（3）：30-35.
[3] 张元. 企业技术创新产出绩效评价方法新探 [J]. 统计与决策，2008（18）：166-168.
[4] 李静. 广西工业企业创新能力分析 [J]. 梧州学院学报，2019，29（1）：6-14.
[5] 时彩舒. 国有企业与民营企业创新动力、创新资源及创新绩效的比较研究 [D]. 长春：吉林大学，2018.
[6] 王昕. 移动通信产业链创新系统研究 [D]. 长春：吉林大学，2009.

其背后的导向是要发挥国有企业创新主力军作用，着力加大创新投入，将创新视为企业制胜、国家竞争力的关键。**二是提高创新产出，确立技术话语权。**主要反映央企创新成果的影响力、实用性和贡献度，以创新成效来体现创新能力。**综上所述，对国有经济创新力的评价框架设计应下设创新投入和创新产出两个子维度。**评价框架如图 3-2 所示。

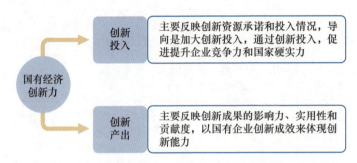

图 3-2　国有经济创新力（投入和产出层面）评价框架

3.3.2　国有经济创新力评价指标体系

习近平总书记在科学家座谈会上强调，要发挥企业技术创新主体作用，推动创新要素向企业集聚，促进产学研深度融合。面对国内外环境发生的深刻复杂变化，积极推动科学研究向高精尖发展，加快科技成果转化，打通产学研用通道，都需要夯实企业创新主体地位。**因此，本书对国有经济创新力的指标体系构建和定量分析侧重于国有企业的科技创新能力。**

基于对有关理论研究和成熟指标体系的梳理，本书从创新投入和创新产出的视角构建国有经济创新力的评价指标体系。国有经济创新力评价指标体系见表 3-4。

表 3-4　　国有经济创新力评价指标体系（投入和产出层面）

维度	指标	来源
创新投入	研发投入占比	《中央企业综合绩效评价体系》《中央企业科技创新能力评价方法》《国际一流企业对标指标体系》《国家电网业绩对标体系》

续表

维度	指标	来源
创新产出	国家科技进步奖数量（年度）	《中央企业科技创新能力评价方法》
	行业标准数量（年度）	美国波多里奇国家质量奖

3.3.3 国有经济创新力指数计算模型

研发投入占比是衡量国际先进企业研发投入强度最通用的典型指标，研发投入强度与企业创新发展存在显著的正相关关系。适度强化的研发投入有助于迅速提升技术水平，通过技术创新促进企业挖掘新的增长点，提升核心竞争力，从而更好地适应新兴技术发展，响应未来行业发展需求并引领产业发展趋势。研发投入占比反映创新投入水平。计算方式：研发投入占比=研发投入/销售收入。

国家科技进步奖是国务院设立的国家科学技术奖五大奖项中唯一能够授予中国组织的重大奖项。**行业标准数量**是国企在引领行业发展方向、制定经营规则话语权的重要体现。国家科技进步奖数量和行业标准数量，体现了国企创新成果的影响力和贡献度，反映国企的创新绩效。其中，国家科技进步奖数量为年度统计，按官方机构公布的数据为准。行业标准数量为年度统计，按官方机构公布的数据为准。

3.4 国有经济控制力指数模型构建

3.4.1 国有经济控制力指数评价维度

3.4.1.1 国有经济控制力评价的有关研究

学者从不同的角度选取了不同的变量，分行业、分层次衡量国有经济控制力的高低，代表性研究及主要结论见表3-5。

表 3-5　　　　　　　　国有经济控制力评价代表性研究

作者	主要观点
国家统计局课题组❶（2001）	国有总资产在行业中的比重、国有销售收入在行业中的比重和国有所有者权益在行业中的比重，综合方法为加权平均计算（权重分别为 0.3、0.4、0.3）
刘佳宁❷（2015）	宏观国有经济控制力系数，为国有及国有控股工业企业的年平均从业人数、资产总额、主营业务收入在工业行业整体中的比重的算数平均值；微观国有企业控制力以入围世界500强央企数量占世界500强中国企业比值来衡量
周磐❸（2015）	国有企业单位数行业占比、国有企业资产合计行业占比、国有企业流动资产行业占比、国有企业固定资产行业占比、国有企业负债合计行业占比、国有企业流动负债行业占比、国有企业所有者权益行业占比、国有企业产品销售收入行业占比、国有企业销售税金及附加行业占比、国有企业利润总额行业占比、国有企业应交增值税行业占比、国有企业总资产贡献率、国有企业流动资产周转次数、国有企业工业成本费用利润率14个指标
盛毅❹（2010）	应用行业集中度理论与方法来评价国有经济控制力的数量界限，规模最大的 N 家国有企（CRn）的产出占总产出的百分比
谢敏❺（2010）	全行业资产总计、主营业务收入、利润总额中国有经济所占比重
王江等❻（2009）	国有经济单位工业增加值在行业中的贡献、国有经济单位资产总计在行业中的比重、国有经济单位所有者权益在行业中的比重、国有经济单位主营业务收入在行业中的比重、国有经济单位利润总额在行业中的比重等加权计算

3.4.1.2　国有经济控制力评价框架设计

依据国有经济控制力的内涵界定，国有经济控制力的强弱，一方面取决于

---

❶ 国家统计局课题组. 对国有经济控制力的量化分析［J］. 统计研究，2001（1）：3-10.

❷ 刘佳宁. 国有经济控制力定量分析［D］. 长春：吉林大学，2015.

❸ 周磐. 中国国有经济控制力评价及分析［D］. 长春：吉林大学，2015.

❹ 盛毅. 用行业集中度确定国有经济控制力的数量界限［J］. 经济体制改革，2010（6）：15-20.

❺ 谢敏. 开放市场经济条件下中国国有经济控制力研究［D］. 天津：南开大学，2010.

❻ 王江，周雅，郑广超. 工业企业国有经济控制力研究［J］. 北方经济，2009（10）：14-15.

国有经济创造主体能够有效掌握、占有和占用的资源数量的多寡，简单理解，也就是国有企业有效掌控的经济价值创造要素的多寡；另一方面取决于国有经济的控制质量，控制质量既包括静态的结构性质量，也包括动态的国有经济发展质量。结构性质量方面，在不同的层面表征的含义有所不同：在国民经济层面，结构性质量体现在国有经济布局分布的行业对于国民经济运行和发展、人民福祉保障的作用贡献；在行业层面，主要体现为国有经济所布局的企业在行业主要产业链中的位置。

本书基于柯布-道格拉斯函数的经济增长驱动原理，借鉴 Lucas（1988）人力资本经济增长理念，考虑从资产、资本、人力资本、技术资源四类要素出发，从数量控制、质量控制两种维度，来评估国有经济创造主体对价值创造投入要素的有效掌控能力。评价框架如图3-3所示。

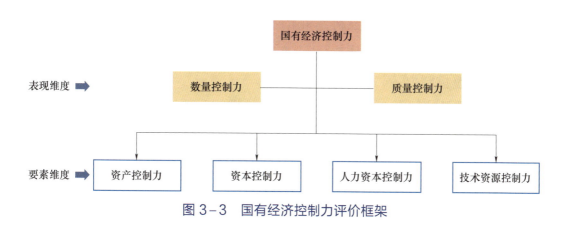

图3-3　国有经济控制力评价框架

3.4.2　国有经济控制力评价指标体系

基于上述考虑，针对行业层面的国有经济控制力指数测算需求，构建形成四要素-二维评价指标体系，具体见表3-6。

表3-6 国有经济控制力二维评价框架和指标初选

控制要素	数量控制力	质量控制力	
		要素集中度	产业链控制力
资产控制力	国有企业资产总额占比	国有资产集中度	国有经济布局环节对行业核心产业链的控制能力
资本控制力	国有企业资本总额占比	国有资本集中度	
人力资本控制力	国有企业人力资本总量占比	国有企业人力资本集中度	
技术资源控制力	国有企业技术资源总量占比	国有企业平均技术资源总量集中度	

其中，四要素即基于资产、资本、人力资本、技术资源四种要素所形成的控制能力，形成资产控制力、资本控制力、人力资本控制力和技术资源控制力四类子指数。二维度即数量控制力和质量控制力，分别衡量规模数量和表征结构、效率等因素的质量控制情况。

3.4.2.1 数量控制力

要素的数量控制力，主要是行业中国有企业四类要素分别在总量数量上占整个行业的比重。

（1）**资产控制力**。为行业中国有企业所掌控的资产总量占比情况。资产总量通常即资产总额，即是指企业拥有或控制的全部资产，这些资产包括流动资产、长期投资、固定资产、无形及递延资产、其他长期资产等。

（2）**资本控制力**。为行业中国有企业所掌控的股东权益占比情况，是从资本形态角度反映的资源要素控制程度。股东权益一般可由所有者权益数量表征。所有者权益是所有者对企业资产的剩余索取权，来源包括所有者投入的资本、其他综合收益、留存收益等，通常由股本（或实收资本）、资本公积（含股本溢价或资本溢价、其他资本公积）、其他综合收益、盈余公积和未分配利润等构成。所有者投入的资本，是指所有者投入企业的资本部分，它既包括构成企业注册资本或者股本的金额，也包括投入资本超过注册资本或股本部分的金额，即资本溢价或股本溢价，这部分投入资本作为资本公积（资本溢价）反映。其他综合收益，是指企业根据会计准则规定未在当期损益中确认的各项利得和损失。留存收益，是指企业从历年实现的利润中提取或形成的留存于企业的内部积累，包括盈余公积和未分配利润。

（3）**人力资本控制力。**为行业中国有企业所吸纳和占用的人力资本当量占比情况。人力资本也称"非物质资本"，与"物质资本"相对，是体现在劳动者身上的资本。如劳动者的知识技能、文化技术水平与健康状况等，其主要特点在于它与人身自由联系在一起，不随产品的出卖而转移。作为"活资本"的人力资本，具有创新性、创造性，具有有效配置资源、调整企业发展战略等市场应变能力。众多研究表明，通过人力投资形成人力资本，比物质、货币等硬资本具有更大的增值空间，特别是在当今后工业时期和知识经济时代，人力资本将有着更大的增值潜力。

（4）**技术资源控制力。**为行业中国有企业在技术方面的掌控力、保障力，这是投入在当期、影响在未来的引领力。主要体现为行业中国有企业所掌控的有效专利数等情况。

3.4.2.2 质量控制力

（1）**要素集中度。**主要为结构性指标，即行业中国有企业平均控制或占用的各类要素，相较于非国有企业平均要素控制力水平，通过该类要素在行业中的集中情况反映国有经济对行业要素投入的控制能力。

（2）**产业链控制力。**反映国有经济布局的结构性指标，即国有经济所布局领域在行业核心产业链中的控制力，是代表行业中国有经济实现有效控制的质量型指标。产业链控制力体现在环节控制、规则控制和市场地位控制等方面，该控制力在不同行业表现的形式有所不同，部分行业产业链控制力体现在对上游资源的掌控能力（如油气行业），部分行业产业链控制力取决于流通环节（如粮食行业），部分行业产业链控制力取决于终端用户（服务业），但总体上，这个指标要能够反映出"有效"控制能力。

3.4.3　国有经济控制力指数计算模型

3.4.3.1　控制力评价模型总体结构

行业层面的国有经济控制力计算总体模型结构和计算公式如下：

行业国有经济控制力=权重1×资产控制力+权重2×资本控制力+

权重3×人力资本控制力+权重4×技术资源控制力

3.4.3.2　要素控制力计算方法

资产控制力=国有企业资产总额占比×国有资产集中度×产业链控制力

=（国有资产总额/行业资产总额）×（国有企业平均资产

规模/行业企业平均资产规模）×产业链控制力

资本控制力=国有企业资本总额占比×国有资本集中度×产业链控制力

=（国有资本总额/行业资本总额）×（国有企业平均资本

规模/行业企业平均资本规模）×产业链控制力

人力资本控制力=国有企业人力资本总量占比×国有企业人力

资本集中度×产业链控制力

=（国有企业人力资本总量/行业人力资本总量）×（国有

企业平均人力资本规模/行业企业平均人力资本规模）×产

业链控制力

人力资本=人力资源数量×人力资源质量

技术资源控制力=国有企业技术资源占比×国有技术资源集中度×

产业链控制力

= (行业国有企业发明专利数/行业发明专利数) ×

(行业国有企业平均发明专利数/行业企业平均发明

专利数) ×产业链控制力

3.4.3.3 产业链控制力计算方法

产业链控制力一般借助专家打分法,由行业专家依据所掌握的专业知识给出主观判断。

专家对某行业国有经济控制力评价,可参考表 3-7 的量表进行赋分。其中,要素分数按照 1~10 分打分,1 分代表控制力最低,10 分代表控制力最高。

表 3-7　　　　　某行业国有经济产业链控制力评价量表

控制力量	打分说明	分值
环节控制	综合基础原材料、关键物资、流通渠道等方面的控制力进行打分	
规则掌控	综合交易规则、定价规则、标准规范等参与情况进行打分	
市场地位	综合市场占有率、市场准入限制、其他市场壁垒等情况进行打分	

其中,**环节控制**反映了国有企业在本行业中产业链不同环节的掌控力,主要体现在如对基础原材料、关键物资、流通渠道等产业链关键环节的控制情况。

规则掌控反映了国有企业对行业运行机制、制度的掌控力,主要体现在对交易规则、定价规则、标准规范等关键运行规则制定过程参与度,是企业软实力的综合体现。

市场地位反映了国有企业在市场资源占有方面的结构性和数量情况,主要体现在行业中国有企业的市场占有率、市场准入限制、其他市场壁垒等情况。

3.5 国有经济影响力指数模型构建

3.5.1 国有经济影响力指数评价维度

3.5.1.1 国有经济影响力的有关研究

关于国有经济影响力评价的代表性研究及观点见表 3-8。

表 3-8 国有经济影响力评价代表性研究

作者	主要观点
王岳平、葛岳静[1]（2007）	分析各部门（行业）的影响力和影响力系数，根据各部门影响力系数的大小进行排序，进而判断各部门在国民经济中的地位和作用。投入产出逆矩阵系数的列合计，除以部门个数所得到的平均值与各部门列和的比率，反映了该部门对所有部门所产生的生产需求波及的相对水平，称之为影响力系数
刘震伟、张正博[2]（2008）	将国有经济活力和影响力的评价合在一起，评判指标主要有：国有经济的创新能力，即研究与试验发展（R&D）经费、新产品开发经费的投入以及新产品收入等方面的情况；国有经济的资产利用能力与竞争性地位，即国有及国有控股企业的总资产周转率和世界或中国 500 强企业的国有及国有控股企业的入围情况、品牌影响力等；国有经济的调整能力，即国有资产的流动性，在不同行业中国有资产的变化情况等；国有经济的贡献能力，即国有及国有控股企业的净资产收益率、承担社会责任的模范作用等
沈利生[3]（2010）	影响力系数和感应度系数用来分析国民经济各部门的联系和影响
方慧姝[4]（2008）	产业的发展不仅要促进经济增长，更要对社会发展、可持续发展等方面发挥积极作用。其中，就业功能是产业对社会发展影响的重要方面，能源、资源消耗是体现产业可持续发展的重点指标

[1] 王岳平，葛岳静. 我国产业结构的投入产出关联特征分析 [J]. 管理世界，2007（2）：61-68.

[2] 刘震伟，张正博. 国有经济活力、控制力和影响力指标构架研究——以上海国有经济为例 [J]. 上海市经济管理干部学院学报，2008，6（6）：5-13.

[3] 沈利生. 重新审视传统的影响力系数公式——评影响力系数公式的两个缺陷 [J]. 数量经济技术经济研究，2010（2）：133-141.

[4] 方慧姝. 北京高技术产业影响力评价的理论与方法 [D]. 北京：北方工业大学，2008.

3.5.1.2 国有经济影响力评价框架设计

根据内涵理解，借鉴上述研究成果，衡量国有经济影响力要从国有企业在促进经济发展、体现社会责任、促进生态可持续发展等进行综合考虑。**在经济发展方面**，国有经济要充分利用企业规模大、技术实力强等优势，在工业产值、资金利税贡献、带动民营经济发展等方面发挥自身的影响，成为促进经济发展的重要力量。**在体现社会责任方面**，国有企业要在扩大就业、奉献社会、促进解决发展"不平衡""不充分"问题、实现共同富裕等方面作出贡献。**在促进生态可持续发展方面**，国有企业要积极践行绿色发展理念，在更好保护环境的基础上统筹推进经济发展和社会进步，为建立资源节约型、生态保护型的经济社会发挥积极作用。

因此，本书从经济发展、社会发展、生态可持续发展三个方面评价国有经济影响力。其中，经济发展体现在对经济增长的带动力和工业产值、利税等要素的贡献方面；社会发展包括产业本身的就业功能和对其他产业的就业带动方面；生态可持续发展强调在推进节约增效和绿色发展等方面发挥的作用。国有经济影响力评价框架如图3-4所示。

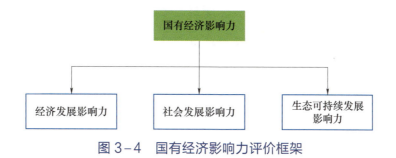

图3-4 国有经济影响力评价框架

3.5.2 国有经济影响力评价指标体系

根据国有经济影响力评价框架，从行业层面构建国有经济影响力指数指标体系。

（1）**对经济发展的影响力评价。**国有经济对经济发展的影响作用体现在对经济发展的经济影响和产业影响带动方面。其中，经济影响主要用行业收入贡献率和税收贡献率来衡量，分别体现了对国民经济发展的直接贡献以及在税收方面的直接贡献；产业影响带动用行业发展带动力来综合衡量，反映了对产业链上下游其他行业，尤其是民营经济的影响带动情况，该指标由专家打分得出。

（2）**对社会发展的影响力评价。**国家社会发展的基本目标是在促进经济增长的同时，实现充分就业。国有经济作为国民经济和社会发展的重要经济载体，要在提高就业方面发挥积极作用。本书用行业就业吸纳率来反映国有经济就业功能，旨在体现行业就业吸纳能力，用该行业年末从业人数占比来衡量。同时，党的十九大报告首次提出"防范化解重大风险、精准脱贫、污染防治"三大攻坚战，国有经济要在开展社会普遍服务、履行社会责任方面积极主动作为，进一步加大精准脱贫投资力度。本书用脱贫攻坚资金投入占比反映国有经济在脱贫攻坚领域的资金投入和贡献情况。

（3）**对生态可持续发展的影响力评价。**生态可持续发展观强调企业本身在降低能源消耗、推动绿色经济发展、实现经济社会绿色低碳转型等方面发挥的作用。本书用行业清洁低碳发展指标衡量，反映国有经济在促进生态可持续发展方面的积极作用，体现了国有经济在促进绿色发展、低碳转型、提高能效等方面的重要责任。

国有经济影响力评价指标体系见表3-9。

表3-9　　　　　　　　　国有经济影响力评价指标体系

维度	指标
经济发展影响力	行业收入贡献率
	行业税收贡献率
	行业发展带动力

续表

维度	指标
社会发展影响力	行业就业吸纳率
	社会公益投入收入占比
生态可持续发展影响力	行业清洁低碳发展指标

3.5.3　国有经济影响力指数计算模型

3.5.3.1　经济发展影响力计算方法

国有经济影响力计算总体模型结构和计算公式如下：

行业收入贡献率＝该行业国有经济营业收入贡献/行业营业收入贡献

行业税收贡献率＝该行业国有经济税收/行业税收总额

行业发展带动力需由专家打分得出，由行业专家依据所掌握的专业知识给出主观判断。专家对某行业国有经济带动力评价，可参考表 3–10 进行打分。打分分数按 1～10 分赋值，其中 1 分代表影响力最低，10 分代表最高。权重赋值三个指标之和为 100%。

表 3–10　　　　　　　某行业国有经济带动力评价量表

打分要素	打分说明	分值
产业带动力	综合对产业链上下游在技术进步、转型与创新发展等方面的带动作用情况打分	
民营经济带动力	综合国有企业混改、成立基金、参与民营企业投资发展等情况打分	
消费升级带动力	综合国有企业在提升服务水平、提高服务效率、提高产品质量等情况打分	

其中，**产业带动力**主要从产业链纵向视角，衡量行业中国有企业对产业链

上下游在技术进步、转型与创新发展等方面的带动作用，主要表现为国有企业通过加大基础研发投入、发挥技术外溢效应、促进产业技术进步，以及通过开拓新业务新业态推动产业升级创新等方式，发挥国有企业在技术引领、发展模式引领方面的影响带动作用。

民营经济带动力主要衡量国有经济对民营经济的发展带动作用，如国有企业通过实施混合所有制改革、与民营资本成立投资基金、参与民营企业投资发展等方式实现对民营经济的带动作用。

消费升级带动力主要衡量国有企业在满足人民需求方面所作的贡献，体现为国有企业通过提升服务水平、提高服务效率、提高产品质量等手段促进消费升级。

3.5.3.2　社会发展影响力计算方法

行业就业吸纳率＝行业国有企业就业人数/行业就业总人数

社会公益投入收入占比＝公益或脱贫攻坚资金投入金额/营业收入

3.5.3.3　生态可持续发展影响力计算方法

生态可持续发展影响力主要由**行业清洁低碳发展指标**衡量，需要根据行业特点具体选取体现行业清洁低碳发展的特色指标，如清洁能源生产、传输、消费量，或者污染物排放指标（取倒数），如二氧化硫排放量（取倒数），也可以采用行业能源消耗量、能源利用效率等指标。

3.6　国有经济抗风险能力指数模型构建

3.6.1　国有经济抗风险能力指数评价维度

3.6.1.1　国有经济抗风险能力评价的有关研究

目前对于抗风险能力的评价有丰富的研究，分别从个人、投资组合、企业以及行业层面开展，已经有一些学者进行了定量分析。但由于抗风险能力是由"风险"概念延伸而来的，国内外学者尚未形成统一的定义，抗风险能力并不是一种单一的能力，其大小受到企业内外部多种因素影响，企业的抗风险能力不仅受环境影响，而且与企业内部的技术生产、管理、营销、创新等因素密切相关。因此，对于抗风险能力的评价维度没有成熟、通用的体系，国内外学者根据不同的研究角度和重点从不同维度对抗风险能力进行评价，代表性观点见表 3–11。

表 3–11　　　　　　　　　国有经济抗风险能力评价代表性研究

作者	主要观点
周晓丹[1]（2011）	抗风险能力初步分解为企业外部环境和内部因素两方面，从外贸能力、管理能力、创新能力、技术与生产能力四个维度进行测量。作者采用模糊综合评价法，进一步构建了外向型中小企业抗风险能力的评价指标体系
孙良斌、喻晓玲[2]（2011）	企业抗风险能力包括销售能力、盈利能力、运营能力、成长能力、偿债能力
李春玲、张玉清[3]（2007）	国有资产管理风险，包括体制风险、市场风险、道德风险、财务风险。防范和规避国资管理风险的环节和措施包括：准确定位国资委、国资经营机构的角色和职责；突出重点，加快国有经济的布局调整；建立健全有效的公司治理结构，形成强有力的制度性监督；规范国有产权转让；优化投资风险管理；拓宽企业融资渠道，改善资本结构；构建以国资委为主体的国有资产预算管理体系；加强财务分析，建立财务风险预警系统
王灏[4]（2008）	国有大型基础设施投资公司的风险包括投资风险、融资风险、资产处置风险、财务风险、公司管控风险、政策风险及法律风险等
王晓霞[5]（2010）	从审计角度出发，认为国有企业全面风险管理的内容应包括核心能力风险、公司治理风险、内部控制风险、业务风险

---

[1] 周晓丹. 外向型中小企业抗风险能力评价研究 [J]. 商业文化，2011（3）：151–152.

[2] 孙良斌，喻晓玲. 后金融危机时代新疆兵团上市企业抗风险能力的实证分析 [J]. 发展研究，2011（9）：46–49.

[3] 李春玲，张玉清. 有效防范国有资产管理风险的对策研究 [J]. 价格月刊，2007（9）.

[4] 王灏. 浅论国有大型基础设施投资企业的风险管理 [J]. 宏观经济研究，2008（1）：44–47.

[5] 王晓霞. 国有企业风险管理审计的责任与目标构建 [J]. 审计研究，2010（3）：54–58.

续表

作者	主要观点
潘勤华、张锡锋、章进艺[1]（2011）	将影响浙江纺织产业集群抗风险能力的因素分为盈利能力、营运能力、营销能力、经济能力、融资能力、技术能力、可持续能力等 7 个一级指标下的 21 个二级指标
罗冠劼[2]（2010）	企业抗风险能力的基本线性模型，指标体系选取了流动比率、速动比率、资产负债率和利息保障倍数作为偿债能力指标，存活周转率、应收账款周转率、总资产周转率作为营运能力指标，净资产收益率、资产净利率和销售毛利率作为盈利能力指标，营业收入增长率、营业利润增长率和总资产增长率作为发展能力指标

3.6.1.2 国有经济抗风险能力评价框架设计

以往的研究对于抗风险能力的评价维度较为丰富，但也存在不少问题，未能构建起包括投资者、监管者和企业管理者视角的多维评价指标体系，在实际应用中缺乏通用性和普适性，评价方法也有诸多局限等。例如传统财务分析模型缺乏定性指标，灰色综合评价法更适用于评价信息不全、由已知推测未知的情况等。确定评价指标体系中各指标权重的方法比较繁杂，如专家赋值法、德尔菲法、三角模糊数法等。由于抗风险能力评价指标体系是一个多层次相互联系的系统，这些方法未能考虑指标之间的相互联系。

结合国有经济抗风险能力理论研究，本书将国有经济抗风险能力评价指标体系划分为三个维度。国有经济抗风险能力的核心基础是国有经济的健康程度、可持续发展能力和风险防范力等，主要从抗市场风险（产业风险）、抗财务风险（债务风险）和抗经营风险（治理风险）三个方面进行衡量，分别评价国有经济现阶段抗击市场风险、抵御财务风险和防范经营风险三位一体的能力。

---

[1] 潘勤华，张锡锋，章进艺. 浙江纺织产业集群抗风险能力评价及对策 [J]. 同济大学学报（自然科学版），2011，39（11）：1720−1724.

[2] 罗冠劼. 上海金桥出口加工区企业抗风险能力的测评与分析 [J]. 统计科学与实践，2010（6）：28−30.

　　综合考虑国有经济和国有企业在当前发展阶段面临的核心问题和关键风险因素，基于国有经济产业结构单一、产能过剩严重、利润大幅下滑、债务高杠杆等严峻问题，从**抗市场风险能力、抗财务风险能力和抗经营风险能力**三个维度评价国有经济的抗风险能力。国有经济抗风险能力评价框架如图 3-5所示。

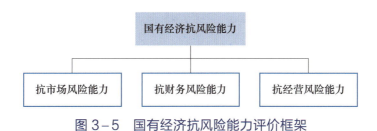

图 3-5   国有经济抗风险能力评价框架

3.6.2   国有经济抗风险能力评价指标体系

　　根据国有经济抗风险能力评价框架，指标体系分为**抗市场风险能力、抗财务风险能力和抗经营风险能力**三个维度，每个维度的指标选取见表 3-12。

表 3-12   国有经济抗风险能力评价指标体系

维度	指标
抗市场风险能力	营收第一构成比
抗财务风险能力	资产负债率倒数
	流动比率
	利润总额增长率
抗经营风险能力	公司治理指数

　　抗市场风险能力，主要表现为抗产业风险的能力。应对新时期的市场风险，国有企业应根据功能定位，匹配国家产业发展规划，调整优化产业布局，突出主业、坚守主业，扎实推进主业专业化整合，做强做精主业实业，不断增强主业的市场竞争力，以提高国有资本效率，做强做优做大国有资本。选取营收第一构成比作为评价指标。

　　抗财务风险能力，主要表现为抗债务风险的能力。国有企业财务风险控制中，需要不断优化企业资本结构，合理安排企业债权资本分配，以提高净利润为前提，最大程度降低成本支出，促使企业平衡负债率。选取资产负债率倒数、流动比率和利润总额增长率作为评价指标。

　　抗经营风险能力，主要表现为治理结构、治理制度层面抗风险的能力。企业治理结构是否健全对于国有企业的风险防控至关重要。一方面，由于其能够提供一套有效的协调、约束和激励机制，使得企业的利益相关者能够积极参与到企业的经济活动中去；另一方面，企业的治理结构提供了组织风险治理的基本机制，在治理结构之下，企业的参与各方能够就各自所面对的不确定性和风险进行交易，进而产生一种合并效应，使得企业组织可以更大程度地挖掘不确定性与风险的正面效应，并限制其负面效应的发展。从风险控制的角度看，公司治理体现了组织风险最根本的来源在于人，就公司而言，就是各种利益相关者在公司运作过程中的冲突与合作关系。公司治理指数具有丰富成熟的指标，选取迪博上市公司内控指数对公司治理进行评价。

3.6.3　国有经济抗风险能力指数计算模型

　　（1）抗市场风险能力。

　　　　营收第一构成比＝某行业国有经济的第一主业营业收入/总收入

　　（2）抗财务风险能力。

资产负债率倒数＝某行业国有经济的总资产/总负债

流动比率＝某行业国有经济流动资产总额/总流动负债

利润总额增长率＝某行业国有经济的利润总额增长率

（3）抗经营风险能力。

抗经营风险能力主要采用成熟的公司治理指数评价方法。具体地，选取迪博上市公司内控指数对公司治理情况进行评价，作为企业抗经营风险能力的指数评价。

典型行业国有经济"五力"
指数实证研究

4.1　实证概述

4.1.1　实证行业选取说明

本书主要选取电力、石油和航空运输行业作为实证研究样本,主要基于以下考虑:

（1）电力、石油和航空运输行业分别是能源和交通的基础行业,事关国家安全、国计民生和人民生活福祉,是国有经济布局的重要领域;

（2）电力、石油和航空运输行业经历过市场化改革,由过去国家统一经营管理转变为国有经济占主导或控制地位;

（3）电力和石油都属于重要的能源行业,电力和航空运输受宏观经济发展的影响较为直接,石油和航空运输有着密切的关联,可观察两者的变化关系。

4.1.2　数据获取方式

（1）财务数据主要来自行业研究企业的年度财务报告、社会责任报告、可持续发展报告,主要包括资产收益率、资产周转率、营业收入增长率等;

（2）行业数据如行业总资产、净资产等数据主要来自 Wind 数据库;

（3）行业带动力评价情况、产业链控制力等来自调查问卷;

（4）专利等数据来自国家知识产权局、科技部官网;

（5）抗经营风险能力指数数据主要来自迪博数据库。

4.2　电力行业国有经济"五力"指数实证分析

4.2.1　电力行业及测算数据基本情况

4.2.1.1　电力行业基本情况

电力是国民经济的基础行业,也是重要的公用事业。作为一种先进的生产力和基础产业，电力行业对促进国民经济发展和社会进步、保障和改善民生起到了重要作用。与社会经济和社会发展有着十分密切的关系，它不仅是关系国家经济安全的战略性领域，而且与人们的日常生活、社会稳定密切相关。

新中国成立初期，电力基础设施十分薄弱。为改变落后的情况，国家加大了电力行业的投入，逐步形成了与计划经济相适应的电力运营和管理模式。在我国进行市场化改革的进程中，电力行业改革的目标旨在建立与市场经济相适应的电力管理体制，进而在电源投资、市场准入、电企运营模式等一系列方面进行了大胆改革。经过四十多年的改革发展，我国电力发展大概分为集资办电、政企分开和市场化改革深化三个主要阶段。

1978—1997 年，电力行业处于集资办电阶段。改革开放初期，我国面临着全国性缺电的困难局面。为此，国家于 1985 年出台了《鼓励集资办电和实行多种电价的暂行规定》的通知，允许实行集资办电、多渠道筹资办电。国家垄断经营的局面被打破，允许包括外商在内的多种投资主体进入电力行业，实现了电力行业的开放发展，并形成了中央国有、地方国有、私人所有、外商所有等多种形式的投资主体并存的发展格局。直到 1997 年，全国主要电网经常性缺电的问题得以解决，基本实现大部分电网电力供求平衡。

1997—2015 年，电力行业处于政企分开的阶段。随着市场经济的不断发展和逐步完善，"自主经营、自负盈亏、自担风险、自我约束、自我发展"的市场主体成为电力行业改革的重要目标。1997 年成立的国家电力公司与电力工业部同时运行，电力行业从形式上实现了政企分开。1998 年电力工业部被撤销，国家电力公司承接了电力工业部所管的全部资产，成为国务院出资的企业独立运营并按照市场规律进行经营管理，正式实现了政企分开。1998 年国务院出台《关于深化电力工业体制改革有关问题的意见》，要求各省电力工业实行政企分开改革试点工作，截至 2001 年全国大部分省份完成了电力工业政企分开改革。2002 年，国务院出台关于电力体制改革的 5 号文件，按照"厂网分开、竞价上网、打破垄断、引入竞争"的主要思路，将原国家电力公司分为十一家企业，即国家电网、南方电网两家电网公司和华能、大唐、国电、华电、中电投五家发电集团以及中国电力工程顾问集团、中国水电工程顾问集团、中国水电建设集团、中国葛洲坝集团四家辅业集团公司，并初步形成了电力市场主体多元化竞争格局。

2015 年至今，电力行业处于市场化改革深化阶段。2015 年国家出台了《关于进一步深化电力体制改革的若干意见》，明确提出了"有序放开输配以外的竞争性环节电价，有序向社会资本放开配售电业务，有序放开公益性和调节性以外的发用电计划；推进交易机构相对独立，规范运行；继续深化对区域电网建设和适合我国国情的输配体制研究；进一步强化政府监管，进一步强化电力统筹规划，进一步强化电力安全高效运行和可靠供应"。部分地区大力推进以售电市场竞争为核心的电力市场改革，电力市场交易品种多样化，交易机制结合我国电价政策实际呈现明显的中国特色，市场交易范围和主体数量持续扩大，尤其是市场交易规模大幅度增加。电力市场交易促进了风电、光电等新能源的消纳，降低了电价，市场机制在优化配置资源中的决定性作用日益体现。

4.2.1.2 电力行业测算数据来源情况

本书中，电力行业"五力"指数的计算过程中需要涉及行业的资产收益率、资产周转率等财务数据，以及授权专利、行业就业率等非财务数据。这些数据的获取方式包括：① 两家电网公司和五家发电企业发布的年度财务报告和社会责任报告；② Wind 数据库；③ 调查问卷；④ 国家知识产权局。其中，电力行业国有经济相关数据，在行业数据缺失情况下，选择国家电网、南方电网、华能集团、大唐集团、华电集团、中国电力投资集团、国电集团等七家电力企业数据近似替代。

按照本书第 3 章 3.1 节的计算方法，笔者邀请电力行业业内专家对指标相对重要性作出评价，经过 AHP 方法计算，得到电力行业"五力"指数各级指标的权重，具体结果见表 4-1。

表 4-1　　　　　电力行业国有经济"五力"指数指标权重情况

一级指标	一级权重	二级指标	二级权重	三级指标	三级权重
国有经济竞争力	18.79%	资源利用效率	64.77%	总资产周转率	13.31%
				营业收入增长率	23.68%
				净资产收益率	33.95%
				人均利润率	29.06%
		国际竞争力	35.23%	财富世界 500 强排名	36.81%
				世界品牌 500 强排名	26.41%
				海外资产占比	36.78%
国有经济创新力	19.88%	创新投入	55.03%	研发投入占比	100.00%
		创新产出	44.97%	国家科技进步奖数量	46.39%
				行业标准数量	53.61%
国有经济控制力	25.53%	资产控制力	18.80%	国有企业资产总额占比×国有资产集中度×产业链控制力	100.00%
		资本控制力	27.87%	国有企业资本总额占比×国有资本集中度×产业链控制力	100.00%
		人力资本控制力	19.66%	国有企业人力资本总量占比×国有企业人力资本集中度×产业链控制力	100.00%
		技术资源控制力	33.68%	行业国有企业发明专利数占比×国有企业发明专利集中度×产业链控制力	100.00%

续表

一级指标	一级权重	二级指标	二级权重	三级指标	三级权重
国有经济影响力	18.34%	经济发展影响力	34.87%	行业收入贡献率	26.45%
				行业税收贡献率	29.35%
				行业发展带动力	44.20%
		社会发展影响力	34.00%	行业就业吸纳率	71.43%
				社会公益投入收入占比	28.57%
		生态可持续发展影响力	31.13%	清洁能源占比①	100.00%
国有经济抗风险能力	17.46%	抗市场风险能力	30.64%	营收第一构成比	100.00%
		抗财务风险能力	34.12%	资产负债率倒数	37.28%
				流动比率	29.64%
				利润总额增长率	33.08%
		抗经营风险能力	35.24%	企业内控指数	100.00%

① 清洁能源占比，电网企业的指标为清洁能源机组并网容量占比，发电企业的指标为清洁能源发电量占比。

4.2.2　电力行业国有经济竞争力评价实证分析

4.2.2.1　电力行业国有经济资源利用效率

电力行业国有经济资源利用效率情况如表 4-2 和图 4-1 所示。2013—2017 年电力行业总资产周转率呈现下降的趋势，营业收入的增长先下降再上升，净资产收益率出现先上升后下降的趋势，人均利润率呈现先上升后下降的态势。2013—2017 年国有经济的资源利用效率呈现先降后升的趋势。2013—2015 年国有经济的资源利用效率下降是由于营业收入增长率持续下降导致的，2015—2017 年国有经济的资源利用效率缓慢上升，营业收入增长率大幅反弹抵消人均利润率和净资产收益率带来的负面影响。总体而言，2013—2017 年，电力行业的相关财务指标出现下滑的趋势，主要是由于我国经济进入新常态，

2013—2017 年 GDP 增长率分别为 7.8%、7.3%、6.9%、6.7%和 6.9%，经济增长率放缓会导致电力行业的营业收入下降。

表4-2   电力行业国有经济资源利用效率计算结果

年份	总资产周转率	定基分析	权重	营业收入增长率	定基分析	权重	净资产收益率	定基分析	权重	人均利润率	定基分析	权重	资源利用效率
2013	0.540 3	100.00	13.31%	2.056 8	100.00	23.68%	0.071 6	100.00	33.95%	0.107 3	100.00	29.06%	100.00
2014	0.501 3	92.79	13.31%	−0.908 9	−44.19	23.68%	0.071 5	99.92	33.95%	0.123 2	114.81	29.06%	69.17
2015	0.460 7	85.26	13.31%	−3.690 8	−179.44	23.68%	0.077 8	108.69	33.95%	0.144 2	134.38	29.06%	44.80
2016	0.430 6	79.69	13.31%	−2.012 3	−97.84	23.68%	0.050 7	70.91	33.95%	0.141 0	131.39	29.06%	49.69
2017	0.433 3	80.19	13.31%	2.941 3	143.00	23.68%	0.035 4	49.44	33.95%	0.084 4	78.68	29.06%	84.19

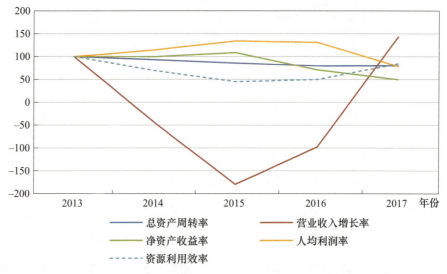

图4-1 电力行业国有经济资源利用效率趋势图

4.2.2.2   电力行业国有经济国际竞争力

电力行业国有经济国际竞争力相关情况如表4-3和图4-2所示。2013—2017 年，电力行业国有经济国际影响力保持上升的趋势。电力行业财富世界

500 强排名和世界品牌 500 强排名持续上升以及海外资产增加,国际影响持续增强。

表 4–3　　　　　　　　　　　电力行业国有经济国际竞争力计算结果

年份	财富世界500强排名	定基分析	权重	世界品牌500强排名	定基分析	权重	海外资产占比	定基分析	权重	国际竞争力
2013	0.056 7	100.00	36.81%	0.014 9	100.00	26.41%	0.000 6	100.00	36.78%	100.00
2014	0.058 9	103.84	36.81%	0.016 7	111.67	26.41%	0.001 2	187.13	36.78%	136.54
2015	0.059 8	105.45	36.81%	0.017 9	119.64	26.41%	0.001 1	173.13	36.78%	134.09
2016	0.208 8	368.17	36.81%	0.027 8	186.11	26.41%	0.002 8	442.91	36.78%	347.58
2017	0.215 8	380.47	36.81%	0.031 3	209.38	26.41%	0.004 0	640.87	36.78%	431.06

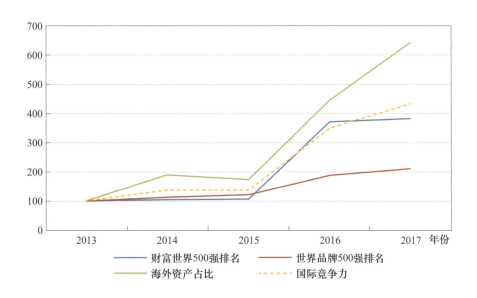

图 4–2　电力行业国有经济国际竞争力趋势图

4.2.2.3　电力行业国有经济竞争力指数

电力行业国有经济竞争力指数有关情况如表 4–4 和图 4–3 所示。2013—

2017 年国有经济竞争力指数呈现先下降后上升的趋势。2015 年较 2013 年电力行业国有经济竞争力指数下降 24%，很大程度上是由于电力行业国有经济的资源利用效率大幅下降导致的，2015—2017 年电力行业国有经济竞争力指数较快上升，主要是电力行业国有经济的国际竞争力的拉动。尽管经济增长放缓导致电力行业国有经济的资源利用效率下降，但是电力行业国际竞争力的提升激发了电力行业国有经济的发展潜力，最终促进电力行业国有经济竞争力指数的上升。

表 4–4　　　　　　电力行业国有经济竞争力指数计算结果

年份	资源利用效率	权重	国际竞争力	权重	竞争力指数
2013	100.00	64.77%	100.00	35.23%	100.00
2014	69.17	64.77%	136.54	35.23%	92.90
2015	44.80	64.77%	134.09	35.23%	76.26
2016	49.69	64.77%	347.58	35.23%	154.64
2017	84.19	64.77%	431.06	35.23%	206.39

图 4–3　电力行业国有经济竞争力指数趋势图

4.2.3 电力行业国有经济创新力评价实证分析

4.2.3.1 电力行业国有经济创新投入

电力行业国有经济创新投入情况如表 4-5 和图 4-4 所示。2013—2017 年电力行业国有经济的行业研发投入占比总体呈现逐渐上升的趋势，2017 年有小幅下降，但总体而言表明电力行业国有经济对行业创新有着极大的重视与关注。

表 4-5   电力行业国有经济创新投入计算结果

年份	研发投入比	创新投入
2013	0.025 9	100.00
2014	0.032 8	126.70
2015	0.309 9	1197.56
2016	0.360 9	1394.70
2017	0.340 8	1316.86

图 4-4　电力行业国有经济创新投入趋势图

4.2.3.2 电力行业国有经济创新产出

电力行业国有经济创新产出情况如表 4-6 和图 4-5 所示。2013—2017 年电力行业国有经济的创新产出呈现先微降后上升的趋势,行业科技进步奖数量在 2015—2017 年的大幅提升带动创新产出的增加。

表 4-6　　　　　　　电力行业国有经济创新产出计算结果

年份	国家科技进步奖数量	定基分析	权重	行业标准数量	定基分析	权重	创新产出
2013	1.515 3	100.00	46.39%	65.851 4	100.00	53.61%	100.00
2014	1.371 2	90.49	46.39%	48.955 2	74.34	53.61%	81.83
2015	2.085 2	137.61	46.39%	45.500 5	69.10	53.61%	100.88
2016	3.542 3	233.76	46.39%	73.295 3	111.30	53.61%	168.11
2017	3.946 9	260.46	46.39%	65.179 5	98.98	53.61%	173.89

图 4-5　电力行业国有经济创新产出趋势图

4.2.3.3　电力行业国有经济创新力指数

　　电力行业国有经济创新力指数相关情况如表 4-7 和图 4-6 所示。2013—2017 年电力行业国有经济的创新力指数先上升后微降的趋势,2016—2017 年由于行业研发投入占比的下降,电力行业国有经济的创新力指数小幅下滑。总体而言,2013—2017 年电力行业国有经济创新力指数呈上升的态势。

表 4-7 电力行业国有经济创新力指数计算结果

年份	创新投入	权重	创新产出	权重	创新力指数
2013	100.00	55.03%	100.00	44.97%	100.00
2014	126.70	55.03%	81.83	44.97%	106.52
2015	1197.56	55.03%	100.88	44.97%	704.38
2016	1394.70	55.03%	168.11	44.97%	843.10
2017	1316.86	55.03%	173.89	44.97%	802.87

图 4-6 电力行业国有经济创新力指数趋势图

4.2.4 电力行业国有经济控制力评价实证分析

4.2.4.1 电力行业国有经济资产控制力

电力行业国有经济资产控制力相关情况如表 4-8 和图 4-7 所示。2013—2017 年，电力行业国有经济资产控制力总体呈现下降的趋势。七家企业的总资产以及电力、热力行业总资产都呈现增长的趋势，不过前者增长的幅度略低于后者，所以资产占比总体呈现下降的趋势。资产集中度一直保持增加的趋势，而产业链控制力却一直下降。在三者的作用下，资产控制力总体呈现下降的趋势。具体而言，2013—2014 年资产控制力保持上升，这主要受资产集中度的影响；2014—2016 年资产控制力一直下降，主要受资产占比和产业链控制力的影响；2016—2017 年资产控制力保持增长，主要受资产集中度的影响。

表 4-8　　　　　　　　　　电力行业国有经济资产控制力计算结果

年份	七家企业资产合计（亿元）	电力、热力行业总资产（亿元）	电力、热力行业企业数（家）	资产占比	定基分析	资产集中度	定基分析	产业链控制力	定基分析	资产控制力	定基分析
2013	67 580.73	99 854.98	5772	0.676 8	100.00	558.06	100.00	8.635 7	100.00	3261.62	100.00
2014	73 546.33	112 056.76	6471	0.656 3	96.97	606.73	108.72	8.407 1	97.35	3347.86	102.64
2015	77 739.20	124 622.83	6976	0.623 8	92.17	621.66	111.40	8.021 4	92.89	3110.61	95.37
2016	82 541.04	134 531.39	7280	0.613 5	90.65	638.09	114.34	7.621 4	88.25	2983.75	91.48
2017	89 207.17	142 450.44	7634	0.626 2	92.52	682.95	122.38	7.292 9	84.45	3119.06	95.63

图 4-7　电力行业国有经济资产控制力趋势图

4.2.4.2　电力行业国有经济资本控制力

　　电力行业国有经济资本控制力相关情况如表 4-9 和图 4-8 所示。2013—

2017 年，电力行业国有经济资本控制力总体呈现下降的趋势。七家企业的总资本以及电力、热力行业净资产都呈现增长的趋势，不过前者增长的幅度略低于后者，所以资本占比总体呈现下降的趋势。资本集中度一直保持增加的趋势，而产业链控制力却持续下降。在三者的共同作用下，资本控制力总体呈现下降的趋势。具体而言，2013—2014 年资本控制力保持上升，这主要受资本集中度上升的影响；2014—2016 年资本控制力一直下降，主要受资本占比和产业链控制力下降的影响；2016—2017 年资本控制力保持增长，主要受资本集中度上升的影响。

表 4-9　　　　　　　　　电力行业国有经济资本控制力计算结果

年份	七家企业资本合计（亿元）	电力、热力行业净资产（亿元）	电力、热力行业企业数（家）	资本占比	定基分析	资本集中度	定基分析	产业链控制力	定基分析	资本控制力	定基分析
2013	6386.24	33 947.29	5772	0.188 1	100.00	155.12	100.00	8.635 7	100.00	252.00	100.00
2014	7207.63	39 598.11	6471	0.182 0	96.76	168.26	108.47	8.407 1	97.35	257.49	102.18
2015	8026.37	46 739.71	6976	0.171 7	91.28	171.14	110.33	8.021 4	92.89	235.74	93.54
2016	8330.74	50 873.57	7280	0.163 8	87.08	170.30	109.79	7.621 4	88.25	212.55	84.34
2017	9387.72	56 509.74	7634	0.166 1	88.30	181.17	116.79	7.292 9	84.45	219.50	87.10

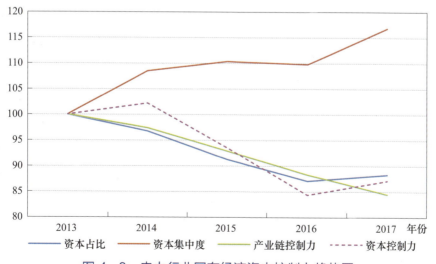

图 4-8　电力行业国有经济资本控制力趋势图

4.2.4.3 电力行业国有经济人力资本控制力

电力行业国有经济人力资本控制力相关情况如表 4-10 和图 4-9 所示。2013—2017 年，电力行业国有经济人力资本控制力呈现先升后降再升的趋势。2013—2015 年人力资本控制力略微上升，主要受人力资本集中度和人力资本占比同时影响；2015—2016 年人力资本控制力持续下降，主要是因为人力资本占比、人力资本集中度、产业链控制力三者都呈下降趋势；2016—2017 年人力资本控制力上升，主要受人力资本占比和人力资本集中度的影响。

表 4-10　　　　　　　电力行业国有经济人力资本控制力计算结果

年份	七家企业职工数合计（人）	大学以上人数占比	电力、热力行业职工数（人）	电力、热力行业企业数（家）	人力资本占比	定基分析	人力资本集中度	定基分析	产业链控制力	定基分析	人力资本控制力	定基分析
2013	1 883 982	33.72%	2 704 900	5772	23.49%	100.00	574.32	100.00	8.635 7	100.00	1164.84	100.00
2014	1 839 799	37.82%	2 691 000	6471	25.86%	110.09	632.02	110.05	8.407 1	97.35	1373.90	117.95
2015	1 845 876	41.25%	2 801 500	6976	27.18%	115.72	656.63	114.33	8.021 4	92.89	1431.55	122.90
2016	1 756 787	44.14%	2 880 900	7280	26.92%	114.61	634.20	110.43	7.621 4	88.25	1301.02	111.69
2017	2 030 844	48.81%	2 697 200	7634	36.75%	156.48	821.14	142.98	7.292 9	84.45	2200.85	188.94

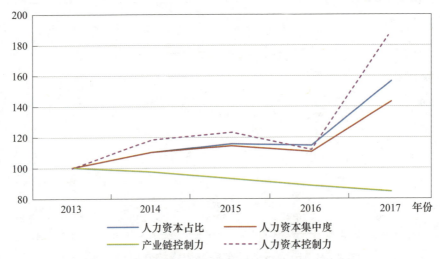

图 4-9　电力行业国有经济人力资本控制力趋势图

4.2.4.4 电力行业国有经济技术资源控制力

电力行业国有经济技术资源控制力相关情况如表 4-11 和图 4-10 所示。2013—2017 年，电力行业国有经济技术资源控制力呈先降后升的趋势。七家企业的专利数和电力、热力行业专利数都保持上升的趋势，专利占比呈先降后升的趋势，专利集中度呈先降后升的趋势，而产业链控制力却一直下降。技术资源控制力呈先降后升的趋势，具体而言，2013—2014 年，技术资源控制力呈现下降的趋势，主要是专利占比、专利集中度和产业链控制力都下降的影响，2014—2017 年，技术资源控制力持续保持上升，主要是专利集中度增长的影响。

表 4-11　　　　　　　电力行业国有经济技术资源控制力计算结果

年份	七家企业专利数合计（项）	电力、热力行业专利数（项）	电力、热力行业企业数（家）	专利占比	定基分析	专利集中度	定基分析	产业链控制力	定基分析	技术资源控制力	定基分析
2013	3377	6742	5772	0.500 9	100.00	413.02	100.00	8.635 7	100.00	1786.53	100.00
2014	3743	8771	6471	0.426 7	85.19	394.50	95.52	8.407 1	97.35	1415.35	79.22
2015	4083	9442	6976	0.432 4	86.32	430.95	104.34	8.021 4	92.89	1494.83	83.67
2016	4711	9320	7280	0.505 5	100.92	525.69	127.28	7.621 4	88.25	2025.18	113.36
2017	5677	9576	7634	0.592 8	118.35	646.53	156.54	7.292 9	84.45	2795.25	156.46

图 4-10　电力行业国有经济技术资源控制力趋势图

4.2.4.5 电力行业国有经济控制力指数

电力行业国有经济控制力指数相关情况如表4-12和图4-11所示。2013—2017年，电力行业国有经济控制力指数呈先降后升的趋势。2013—2015年，电力行业国有经济控制力指数持续下滑，其中2013—2014年主要受技术资源控制力下降的影响，2014—2015年受资产控制力、资本控制力和人力资本控制力下滑的影响；2016—2017年，电力行业国有经济控制力指数触底反弹，主要受技术资源控制力上升的影响。

表4-12　　　　　　　　　电力行业国有经济控制力指数计算结果

年份	资产控制力	权重	资本控制力	权重	人力资本控制力	权重	技术资源控制力	权重	控制力指数
2013	100.00	18.80%	100.00	27.87%	100.00	19.66%	100.00	33.68%	100.00
2014	102.64	18.80%	102.18	27.87%	117.95	19.66%	79.22	33.68%	97.64
2015	95.37	18.80%	93.54	27.87%	122.90	19.66%	83.67	33.68%	96.34
2016	91.48	18.80%	84.34	27.87%	111.69	19.66%	113.36	33.68%	100.84
2017	95.63	18.80%	87.10	27.87%	188.94	19.66%	156.46	33.68%	132.09

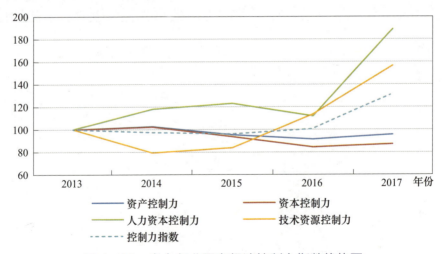

图4-11　电力行业国有经济控制力指数趋势图

4.2.5 电力行业国有经济影响力评价实证分析

4.2.5.1 电力行业国有经济经济发展影响力

电力行业国有经济经济发展影响力相关情况如表 4–13 和图 4–12 所示。2013—2017 年，电力行业国有经济经济发展影响力先上升后微降。2013—2016 年，经济发展影响力持续上升并达到顶点，主要受行业收入贡献率和行业发展带动力上升的影响；2016—2017 年，该指数呈现下降的趋势，主要受行业收入贡献率和行业税收贡献率下降的影响。总体而言，电力行业国有经济经济发展影响力的走势呈上升趋势，与行业收入贡献率的走势基本一致。

表 4–13　　　　　电力行业国有经济经济发展影响力计算结果

年份	行业收入贡献率	定基分析	权重	行业税收贡献率	定基分析	权重	行业发展带动力	定基分析	权重	经济发展影响力
2013	0.001 9	100.00	26.45%	0.034 6	100.00	29.35%	5.988 6	100.00	44.20%	100.00
2014	0.001 9	102.58	26.45%	0.034 2	98.95	29.35%	6.231 4	104.06	44.20%	102.17
2015	0.002 0	105.90	26.45%	0.034 8	100.77	29.35%	6.740 0	112.55	44.20%	107.33
2016	0.002 1	113.16	26.45%	0.033 4	96.60	29.35%	7.128 6	119.04	44.20%	110.89
2017	0.002 0	107.20	26.45%	0.026 1	75.65	29.35%	7.527 1	125.69	44.20%	106.11

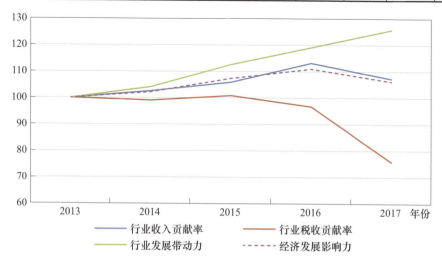

图 4–12　电力行业国有经济经济发展影响力趋势图

4.2.5.2　电力行业国有经济社会发展影响力

电力行业国有经济社会发展影响力情况如表 4-14 和图 4-13 所示。2013—2017 年，电力行业国有经济社会发展影响力走势呈"W"型。尽管行业慈善投入占比持续上升，但社会发展影响力主要受行业就业吸纳率的影响，2013—2014 年行业就业吸纳率下降，2014—2015 年略升，2015—2016 年略降，2016—2017 年上升。

表 4-14　　　　电力行业国有经济社会发展影响力计算结果

年份	行业就业吸纳率	定基分析	权重	行业慈善投入占比	定基分析	权重	社会发展影响力
2013	0.017 8	100.00	71.43%	0.007 1	100.00	28.57%	100.00
2014	0.014 7	82.93	71.43%	0.007 4	104.90	28.57%	89.21
2015	0.015 2	85.63	71.43%	0.010 3	145.89	28.57%	102.85
2016	0.014 7	82.56	71.43%	0.010 1	142.37	28.57%	99.65
2017	0.014 8	83.45	71.43%	0.027 6	389.94	28.57%	171.02

图 4-13　电力行业国有经济社会发展影响力趋势图

4.2.5.3　电力行业国有经济可持续发展影响力

电力行业国有经济可持续发展影响力相关情况如表 4-15 和图 4-14 所示。

2013—2017 年，电力行业国有经济可持续发展影响力保持持续上升。电网企业清洁能源并网容量占比和绝大多数发电企业的清洁能源发电量占比都持续上升，可持续发展能力不断增强。通过进行加权平均后计算出可持续发展影响力，并进行定基化处理后，可持续发展影响力一直保持持续上升。

表 4-15　　　　　　电力行业国有经济可持续发展影响力计算结果

年份	清洁能源占比	可持续发展影响力
2013	0.273 9	100.00
2014	0.304 4	111.13
2015	0.319 3	116.60
2016	0.333 1	121.65
2017	0.350 2	127.86

图 4-14　电力行业国有经济可持续发展影响力趋势图

4.2.5.4　电力行业国有经济影响力指数

经拟合，电力行业国有经济影响力指数相关情况如表 4-16 和图 4-15 所示。2013—2017 年，电力行业国有经济影响力指数总体呈上升趋势。2013—2016 年缓慢上升，主要是由于社会发展影响力大幅下降抵消了经济发展影响力和可持续发展影响力上升的影响；2016—2017 年在社会发展影响力作用下，电力行业国有经济影响力指数大幅上升。

表 4-16　　　　　　　电力行业国有经济影响力指数计算结果

年份	经济发展影响力	权重	社会发展影响力	权重	可持续发展影响力	权重	影响力指数
2013	100.00	34.87%	100.00	34.00%	100.00	31.13%	100.00
2014	102.17	34.87%	89.21	34.00%	111.13	31.13%	100.552 8
2015	107.33	34.87%	102.85	34.00%	116.60	31.13%	108.692 6
2016	110.89	34.87%	99.65	34.00%	121.65	31.13%	110.418 0
2017	106.11	34.87%	171.02	34.00%	127.86	31.13%	134.950 2

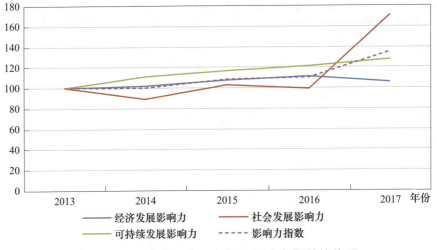

图 4-15　电力行业国有经济影响力指数趋势图

4.2.6　电力行业国有经济抗风险能力评价实证分析

4.2.6.1　电力行业国有经济抗市场风险能力

电力行业国有经济抗市场风险能力相关情况如表 4-17 和图 4-16 所示。2013—2017 年，电力行业国有经济抗市场风险能力的走势呈倒"V"型。

2013—2015 年，电力行业国有经济抗市场风险能力持续增强，很大程度上是由于大唐集团、华电集团、中国电力投资集团和国电集团营收第一构成比持续上升；2015—2017 年，行业内多数企业的营收第一构成比下降，因而从这项指标来看，电力行业国有经济抗市场风险能力持续下降。

表 4–17　　　　　　　电力行业国有经济抗市场风险能力计算结果

年份	营收第一构成比	抗市场风险能力
2013	0.852 7	100.00
2014	0.858 3	100.66
2015	0.867 0	101.67
2016	0.853 3	100.07
2017	0.842 7	98.83

图 4–16　电力行业国有经济抗市场风险能力趋势图

4.2.6.2　电力行业国有经济抗财务风险能力

电力行业国有经济抗财务风险能力相关情况如表 4–18 和图 4–17 所示。2013—2017 年，电力行业国有经济抗财务风险能力在波动中持续下滑。抗财务风险能力在波动中持续下滑，这主要受利润总额增长率持续下滑的影响，其走势与利润总额增长率基本保持一致，究其原因主要是经济形势不景气以及火电行业产能过剩的影响。资产负债率的倒数一直持续上升，说明整体长期偿债能力持续改善。流动比率呈现先降后升的趋势，2013—2016 年流动比率持续下降，2016—2017 年流动比率反弹上升，总体来看，流动比率呈现下降的趋势。

表 4－18　　　　　　　电力行业国有经济抗财务风险能力计算结果

年份	资产负债率倒数	定基分析	权重	流动比率	定基分析	权重	利润总额增长率	定基分析	权重	抗财务风险能力
2013	1.384 9	100.00	37.28%	0.335 4	100.00	29.64%	0.275 7	100.00	33.08%	100.00
2014	1.411 1	101.89	37.28%	0.325 1	96.92	29.64%	0.146 4	53.09	33.08%	84.27
2015	1.434 0	103.55	37.28%	0.309 5	92.28	29.64%	0.175 8	63.77	33.08%	87.05
2016	1.440 8	104.04	37.28%	0.308 5	91.96	29.64%	−0.179 0	−64.94	33.08%	44.56
2017	1.449 7	104.68	37.28%	0.325 6	97.07	29.64%	−0.169 3	−61.41	33.08%	47.48

图 4－17　电力行业国有经济抗财务风险能力趋势图

4.2.6.3　电力行业国有经济抗经营风险能力

电力行业国有经济抗经营风险能力相关情况如表 4－19 和图 4－18 所示。

2013—2017 年，电力行业国有经济抗经营风险能力呈现先降后升的趋势，2013—2015 年下降的主要原因是电力行业多数企业的控股子企业的内控指数下滑，2015—2017 年出现反弹，主要是国电南瑞和华能国际等企业内控指数的提升。

表 4-19 　　　　　　电力行业国有经济抗经营风险能力计算结果

年份	企业内控指数	抗经营风险能力
2013	780.101 3	100.00
2014	673.821 3	86.38
2015	643.312 5	82.47
2016	676.314 2	86.70
2017	683.098 8	87.57

图 4-18 　电力行业国有经济抗经营风险能力趋势图

4.2.6.4　电力行业国有经济抗风险能力指数

经拟合，电力行业国有经济抗风险能力指数相关情况如表 4-20 和图 4-19 所示。2013—2017 年，电力行业国有经济抗风险能力指数呈"W"型，2013—2014 年，该指数受抗经营风险能力和抗财务风险能力下降的影响略微下滑；2014—2015 年，该指数出现反弹，主要受抗市场风险能力和抗财务风险能力的影响。2015—2016 年，由于抗财务风险能力的持续下降导致抗风险能力指数大幅下滑。2016—2017 年，受抗财务风险能力和抗经营风险能力回升的影响，抗风险能力指数略微回升。总体而言，电力行业国有经济抗风险能力指数与抗财务风险能力的走势较为相同。

表 4-20　　　　　　　　电力行业国有经济抗风险能力指数计算结果

年份	抗市场风险能力	权重	抗财务风险能力	权重	抗经营风险能力	权重	抗风险能力指数
2013	100.00	30.64%	100.00	34.12%	100.00	35.24%	100.00
2014	100.66	30.64%	84.27	34.12%	86.38	35.24%	90.04
2015	101.67	30.64%	87.05	34.12%	82.47	35.24%	89.92
2016	100.07	30.64%	44.56	34.12%	86.70	35.24%	76.42
2017	98.83	30.64%	47.48	34.12%	87.57	35.24%	77.34

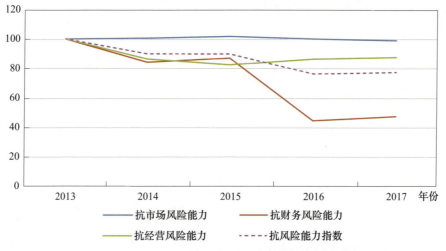

图 4-19　电力行业国有经济抗风险能力指数趋势图

4.2.7　电力行业国有经济"五力"综合指数实证分析

基于前述评估测算，电力行业国有经济"五力"综合指数相关情况如

表 4-21 和图 4-20 所示。2013—2017 年，电力行业国有经济"五力"综合指数呈现先缓慢下降再持续上升的趋势。2013—2014 年，受竞争力指数、控制力指数和抗风险能力指数下降的影响，综合指数呈现略微的下降；2014—2017 年，在创新力指数和影响力指数持续上升的作用下，综合指数保持持续上升的趋势。总体而言，尽管受到外部经济放缓的冲击，但是在研发等软实力的带动下创新力指数上升，以及在影响力的拉动下，电力行业国有经济"五力"综合指数保持平稳增长的趋势。

表 4-21　　　　电力行业国有经济"五力"综合指数计算结果

年份	竞争力指数	权重	创新力指数	权重	控制力指数	权重	影响力指数	权重	抗风险能力指数	权重	综合指数
2013	100.00	18.79%	100.00	19.88%	100.00	25.53%	100.00	18.34%	100.00	17.46%	100.00
2014	92.90	18.79%	106.52	19.88%	97.64	25.53%	100.55	18.34%	90.04	17.46%	97.72
2015	76.26	18.79%	704.38	19.88%	96.34	25.53%	108.69	18.34%	89.92	17.46%	214.59
2016	154.64	18.79%	843.10	19.88%	100.84	25.53%	110.42	18.34%	76.42	17.46%	256.00
2017	206.39	18.79%	802.87	19.88%	132.09	25.53%	134.95	18.34%	77.34	17.46%	270.37

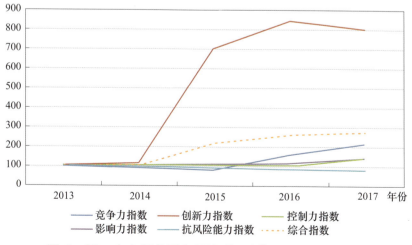

图 4-20　电力行业国有经济"五力"综合指数趋势图

4.3 石油行业国有经济"五力"指数实证分析

4.3.1 石油行业及测算数据基本情况

4.3.1.1 石油行业基本情况

石油是现代工业的"血液",是军事设备的核心动力源,是现代农业的"基石",是一个国家的战略性资源。在煤炭、电力、石油和天然气四大能源中,煤炭和电力我国都可以实现自给自足,但石油和天然气依靠本国储量远远不能满足消费需求,需要大量依靠进口。2019 年,我国石油对外依存度达 70.8%,天然气对外依存度达 43%。石油供应安全不仅仅是经济问题,更是确保国家安全的政治问题。中国作为能源消费大国,在复杂的地缘政治环境中,必须大力发展石油行业,确保国家石油安全。

改革开放 40 多年来,我国一直是将石油工业视为关系国家安全与国民经济命脉的战略产业和关键领域,是国有经济投入和布局的重要领域。国有石油企业历经了分业经营到混业发展,由中央进行整体改革设计、规划布局和政策指导。20 世纪 70 年代是世界海洋石油工业快速发展时期,我国有较丰富的海洋石油资源,但缺乏勘探开发的装备和资金。1980 年前后,中央决定在我国指定海域实行国际招标,开展海洋石油对外合作,并于 1982 年颁布了《中华人民共和国对外合作开采海洋石油资源条例》及相关法规。为更好地开展对外合作,加快海洋石油工业发展,1982 年海洋石油总公司应运而生。然后,为解决石化工业管理体制中的条块分割和产业发展的重复低效问题,1983 年中央决定打破部门、地区、行业界限,成立中国石油化工总公司,负责管理经营全国 39 个重要炼油、石油化工和化纤企业。1988 年中央决定撤销石油工业部,成立中国石油天然气总公司,统一管理和经营陆上石油天然气资源的勘探、开发和生产建设。至此，三大国家石油公司成立，这是改革开放初期我国工业管理体制改革的重大成功实践，优化了资源的综合利用，强化了公司的生产经营责任，促进了我国石油工业的发展。

21世纪初，国家石油公司重组上市。三大国家石油公司成立后的一段时间内，石油工业产业链中出现了上下游、内外贸和陆海域相互分割的问题，发展不平衡和利益不均的矛盾日渐显露。1998年中央决定实施石油石化战略大重组，通过行政性资产划拨和互换，将原石油天然气总公司和石化总公司改组为两个大型石油石化集团公司，实现上下游、产供销、内外贸一体化经营。1999年中国石油、中国石化和中国海油按照"主业与辅业分离、优良资产与不良资产分离、企业职能与社会职能分离"的原则，开展企业内部重组，组建了各自的股份公司。2000年至2001年，三家股份公司先后实现在海外成功上市。这标志着国有石油公司的产权改革取得了历史性突破，并成功走上国际资本市场的大舞台。

从改革开放初期的石油部门管理体制，到改革进入全面展开阶段成为真正的经济实体，再到改革进入制度创新阶段建立现代企业制度、实施石油石化大重组和海外整体上市，直到如今的具有全球竞争力的世界一流企业，中国石油迅速发展壮大，三大石油公司已经成为世界500强中实力强大的中国国有企业团队。改革开放40多年来，我国石油产业成就卓越，大力布局油气勘探开发源头业务，有力带动下游产业的延伸，为我国经济社会发展作出了重大贡献。

4.3.1.2　石油行业测算数据来源情况

由于我国石油行业国有经济占比较高，石油企业普遍采取纵向一体化发展模式，产业链较长，分布的子行业较为广泛，包括石油开采、天然气开采、石油炼化及化学品制造等，暂时无法获得覆盖全部子行业的、具有稳定统计口径的、能够较好表征石油业的行业层面数据。同时，书中设计的方法重在观测数据相对值的变化情况，综合考虑，在石油行业测算时，选用工业企业数据代替行业数据。石油行业的国有企业数据，选用中国石油天然气集团公司（简称"中国石油"）、中国石油化工集团有限公司（简称"中国石化"）和中国海洋石油集团有限公司（简称"中国海油"）三家油气企业数据。数据来源主要包括：① 中国石油、中国石化和中国海油发布的年度财务报告和社会责任报告；② Wind 数据库；③ 调查问卷；④ 国家知识产权局。

按照本书第 3 章 3.1 的计算方法，笔者邀请石油行业业内专家对指标相对重要性作出评价，经过 AHP 方法计算，得到石油行业"五力"指数各级指标的权重，具体结果见表 4-22。

表 4-22　　　　石油行业国有经济"五力"指数指标权重情况

一级指标	一级权重	二级指标	二级权重	三级指标	三级权重
国有经济竞争力	18.85%	资源利用效率	47.56%	总资产周转率	12.07%
				营业收入增长率	24.47%
				净资产收益率	40.07%
				人均利润率	23.39%
		国际竞争力	52.44%	财富世界 500 强排名	40.19%
				世界品牌 500 强排名	22.33%
				海外资产占比	37.48%
国有经济创新力	19.77%	创新投入	45.66%	研发投入占比	100.00%
		创新产出	54.34%	国家科技进步奖数量	41.64%
				行业标准数量	58.36%
国有经济控制力	21.83%	资产控制力	19.57%	国有企业资产总额占比×国有资产集中度×产业链控制力	100.00%
		资本控制力	29.58%	国有企业资本总额占比×国有资本集中度×产业链控制力	100.00%
		人力资本控制力	18.82%	国有企业人力资本总量占比×国有企业人力资本集中度×产业链控制力	100.00%

续表

一级指标	一级权重	二级指标	二级权重	三级指标	三级权重
国有经济控制力	21.83%	技术资源控制力	32.03%	行业国有企业发明专利数占比×国有企业发明专利集中度×产业链控制力	100.00%
国有经济影响力	24.20%	经济发展影响力	39.50%	行业收入贡献率	22.11%
				行业税收贡献率	29.75%
				行业发展带动力	48.14%
		社会发展影响力	31.67%	行业就业吸纳率	78.17%
				社会公益投入收入占比	21.83%
		生态可持续发展影响力	28.83%	污染物排放指标①	100.00%
国有经济抗风险能力	15.35%	抗市场风险能力	32.42%	营收第一构成比	100.00%
		抗财务风险能力	27.93%	资产负债率倒数	41.17%
				流动比率	28.74%
				利润总额增长率	30.09%
		抗经营风险能力	39.64%	企业内控指数	100.00%

① 污染物排放指标,石油行业选用行业二氧化硫排放占比。

4.3.2 石油行业国有经济竞争力评价实证分析

4.3.2.1 石油行业国有经济资源利用效率

2013—2017 年,石油行业国有经济的总资产周转率、营业收入增长率、净资产收益率和人均利润率四个指标均呈现先下降后上升的态势,2015 年由于原油供应过剩,叠加了需求放缓,国际油价暴跌,导致国有石油公司营业收入负增长,次年其他三个指标探底,到了 2017 年各指标均有不同程度的提升,详见表 4-23。

表 4-23　　　　　　　　石油行业国有经济资源利用效率计算结果

年份	总资产周转率	定基分析	权重	营业收入增长率	定基分析	权重	净资产收益率	定基分析	权重	人均利润率	定基分析	权重	资源利用效率
2013	1.264 4	100.00	12.07%	0.050 2	100.00	24.47%	0.122 2	100.00	40.07%	0.433 9	100.00	23.39%	100.00
2014	1.172 7	92.75	12.07%	0.008 0	15.96	24.47%	0.097 8	80.04	40.07%	0.384 7	88.65	23.39%	67.91
2015	0.834 9	66.03	12.07%	−0.269 9	−537.48	24.47%	0.043 7	35.77	40.07%	0.188 1	43.36	23.39%	−99.08
2016	0.798 1	63.12	12.07%	−0.036 1	−71.90	24.47%	0.026 5	21.68	40.07%	0.117 1	26.98	23.39%	5.03
2017	0.975 4	77.14	12.07%	0.241 7	481.28	24.47%	0.042 3	34.62	40.07%	0.217 6	50.14	23.39%	152.68

如图 4-21 所示，2013—2017 年石油行业国有经济资源利用效率呈现先降后升的趋势。2014 年国际油价持续下跌，导致石油行业营业收入锐减，营业收入增长率由正转负，在 2015 年探底，使得行业资源利用效率明显下降；2015—2017 年，国际油价有所反弹，油气行业的营业收入增长率出现好转，带来资源利用效率的大幅提升。

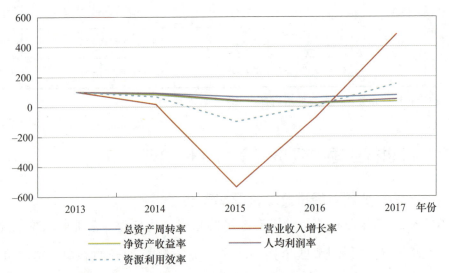

图 4-21　石油行业国有经济资源利用效率趋势图

4.3.2.2　石油行业国有经济国际竞争力

2013—2017 年，石油行业国有经济国际竞争力相关情况如表 4-24 和图 4-22

所示，整体呈现波动中上升趋势。2013—2015 年，受行业内财富世界 500 强排名持续上升的影响，国际竞争力不断上升；2015—2016 年，行业内财富世界 500 强排名下降导致国际竞争力的下滑；2016—2017 年，受世界品牌 500 强排名上升的影响，国际竞争力出现反弹。总体而言，石油行业国有经济的海外资产占比变动不大，对于竞争力的带动作用不明显，国际竞争力的波动主要受到行业内财富世界 500 强排名和世界品牌 500 强排名的影响。

表 4-24　　　　　　　　　石油行业国有经济国际竞争力计算结果

年份	财富世界 500 强排名	定基分析	权重	世界品牌 500 强排名	定基分析	权重	海外资产占比	定基分析	权重	国际竞争力
2013	0.460 8	100.00	40.19%	0.007 3	100.00	22.33%	0.278 9	100.00	37.48%	100.00
2014	0.596 0	129.35	40.19%	0.007 6	103.05	22.33%	0.274 7	98.48	37.48%	111.91
2015	0.763 9	165.79	40.19%	0.008 6	116.75	22.33%	0.268 1	96.11	37.48%	128.72
2016	0.592 5	128.60	40.19%	0.009 3	126.81	22.33%	0.277 2	99.39	37.48%	117.25
2017	0.592 0	128.49	40.19%	0.014 8	201.19	22.33%	0.266 4	95.52	37.48%	132.37

图 4-22　石油行业国有经济国际竞争力趋势图

4.3.2.3 石油行业国有经济竞争力指数

2013—2017 年，石油行业国有经济竞争力指数有关情况如表 4−25 和图 4−23 所示，整体呈现先降后升的趋势。2015 年，主要受资源利用效率的影响，石油行业的竞争力达到最小值。总的来讲，石油行业国有经济竞争力指数的变化很大程度上受到营业收入增长率的影响，而这与国际油价的波动息息相关。

表 4−25　　　　　　　　石油行业国有经济竞争力指数计算结果

年份	资源利用效率	权重	国际竞争力	权重	竞争力指数
2013	100.00	47.56%	100.00	52.44%	100.00
2014	67.91	47.56%	111.91	52.44%	90.98
2015	−99.08	47.56%	128.72	52.44%	20.38
2016	5.03	47.56%	117.25	52.44%	63.88
2017	152.68	47.56%	132.37	52.44%	142.03

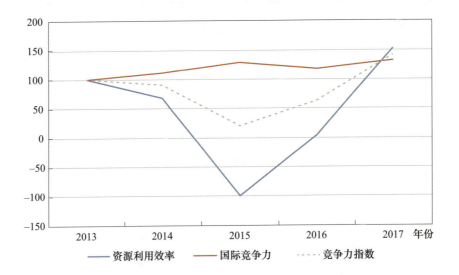

图 4−23　石油行业国有经济竞争力指数趋势图

4.3.3 石油行业国有经济创新力评价实证分析

4.3.3.1 石油行业国有经济创新投入

2013—2017 年,石油行业国有经济创新投入相关情况如表 4-26 和图 4-24 所示,整体呈现波动趋势。2015 年受营业收入大幅下降影响,研发投入占比在当年达到峰值。2016—2017 年,随着营业收入的增长,研发投入总额增长不足,导致研发投入占比降幅加大。数据结果表明,在石油行业中,国有企业的研发投入占比的增长落后于营业收入增长速度。

表 4-26　　　　石油行业国有经济创新投入计算结果

年份	研发投入占比	创新投入
2013	0.004 8	100.00
2014	0.004 5	95.20
2015	0.007 8	162.54
2016	0.007 2	151.29
2017	0.006 1	128.60

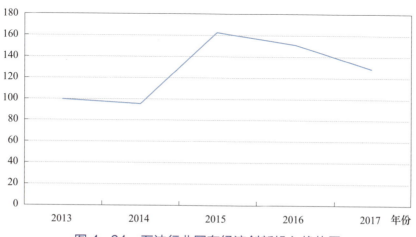

图 4-24　石油行业国有经济创新投入趋势图

4.3.3.2 石油行业国有经济创新产出

2013—2017 年石油行业国有经济创新产出相关情况如表 4–27 和图 4–25 所示，整体呈现波动中下降的趋势。2014 年受国家科技进步奖数量的影响，石油行业国有经济创新产出达到最高峰，2014—2016 年随着国家科技进步奖数量的下降而下降，2016—2017 年随着国家科技进步奖数量的上升而上升。

表 4–27　　　　　　　石油行业国有经济创新产出计算结果

年份	国家科技进步奖数量	定基分析	权重	行业标准数量	定基分析	权重	创新产出
2013	1.781 5	100.00	41.64%	52.038 1	100.00	58.36%	100.00
2014	4.325 2	242.79	41.64%	58.996 1	113.37	58.36%	167.26
2015	2.711 4	152.20	41.64%	6.153 4	11.82	58.36%	70.27
2016	1.177 8	66.11	41.64%	16.825 5	32.33	58.36%	46.40
2017	3.650 6	204.92	41.64%	0.000 0	0	58.36%	85.33

图 4–25　石油行业国有经济创新产出趋势图

4.3.3.3 石油行业国有经济创新力指数

2013—2017 年，石油行业国有经济创新力指数相关情况如表 4–28 和图 4–26 所示，整体呈现先升后降再上升的波动态势。2014 年受国有经济创新产出的影响达到最高峰，2014—2016 年随着国有经济创新产出的下降而下降，2016—2017 年随着国有经济创新产出的上升而上升。

表 4–28   石油行业国有经济创新力指数计算结果

年份	创新投入	权重	创新产出	权重	创新力指数
2013	100.00	45.66%	100.00	54.34%	100.00
2014	95.20	45.66%	167.26	54.34%	134.36
2015	162.54	45.66%	70.27	54.34%	112.40
2016	151.29	45.66%	46.40	54.34%	94.29
2017	128.60	45.66%	85.33	54.34%	105.09

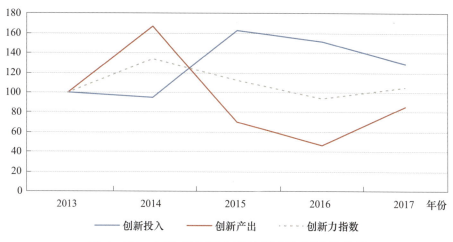

图 4–26   石油行业国有经济创新力指数趋势图

4.3.4   石油行业国有经济控制力评价实证分析

4.3.4.1   石油行业国有经济资产控制力

2013—2017 年，石油行业国有经济资产控制力相关情况如表 4–29 和图 4–27 所示，整体呈现逐年下滑趋势。五年间，资产占比与资产集中度都出现逐年下降态势，表明石油行业国有企业资产占工业企业总资产的比重在逐年降低，同时，石油行业国有企业规模与工业企业平均规模的差距在逐渐缩小。同期，根据调查数据显示，石油行业国有经济的产业链控制力也表现为持续下降。

表 4-29　　　　　　石油行业国有经济资产控制力计算结果

年份	三大油气公司总资产（亿元）	工业企业总资产（亿元）	工业企业单位数（家）	资产占比	定基分析	资产集中度	定基分析	产业链控制力	定基分析	资产控制力	定基分析
2013	47 665.70	850 625.85	352 546	0.056 0	100.00	6585.09	100.00	7.870 0	100.00	2904.05	100.00
2014	49 761.18	956 777.2	377 888	0.052 0	92.86	6551.21	99.49	7.632 5	96.98	2600.57	89.55
2015	49 996.06	1 023 398.12	383 148	0.048 9	87.32	6239.31	94.75	7.345 0	93.33	2238.82	77.09
2016	50 533.14	1 085 865.94	378 599	0.046 5	83.04	5872.98	89.19	7.007 5	89.04	1915.23	65.95
2017	51 296.49	1 121 909.57	372 729	0.045 7	81.61	5680.70	86.27	7.020 0	89.20	1824.34	62.79

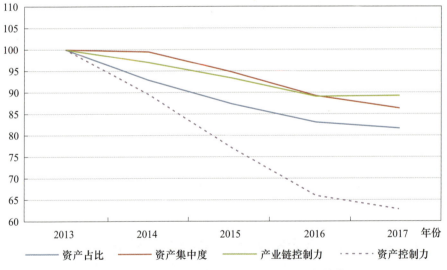

图 4-27　石油行业国有经济资产控制力趋势图

4.3.4.2　石油行业国有经济资本控制力

2013—2017 年，石油行业国有经济资本控制力相关情况如表 4-30 和图 4-28 所示，整体呈现明显下滑趋势。石油行业国有企业资本占比逐年下降，表明石油行业国有企业资本占工业企业总资本的比重在逐年降低。资本集中度占比也逐年下降，表明从单个企业的平均资本来看，石油行业与工业企业的差距在逐渐缩小。

表 4 – 30　　　　　石油行业国有经济资本控制力计算结果

年份	三大油气公司净资产（亿元）	工业企业净资产（亿元）	工业企业单位数（家）	资本占比	定基分析	资本集中度	定基分析	产业链控制力	定基分析	资本控制力	定基分析
2013	23 735.71	344 931.53	352 546	0.068 8	100.00	8086.56	100.00	7.870 0	100.00	4379.33	100.00
2014	25 003.00	409 745.77	377 888	0.061 0	88.66	7686.34	95.05	7.632 5	96.98	3579.84	81.74
2015	25 757.36	444 087.65	383 148	0.058 0	84.30	7407.61	91.60	7.345 0	93.33	3155.75	72.06
2016	26 176.13	479 224.41	378 599	0.054 6	79.36	6893.26	85.24	7.007 5	89.04	2638.48	60.25
2017	26 211.09	493 893.27	372 729	0.053 1	77.18	6593.62	81.54	7.020 0	89.20	2456.48	56.09

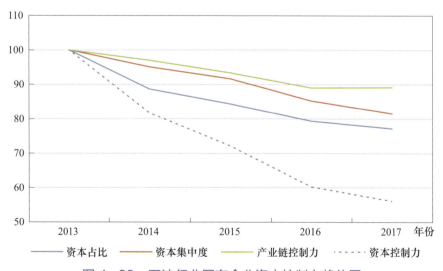

图 4 – 28　石油行业国有企业资本控制力趋势图

4.3.4.3　石油行业国有经济人力资本控制力

2013—2017 年，石油行业国有经济人力资本控制力相关情况如表 4 – 31 和图 4 – 29 所示，整体呈现上升的趋势。2013—2015 年，石油行业国有经济人力资本占比和人力资本集中度缓慢上升，人力资本控制力上升的幅度较小；2016—2017 年，人力资本占比和人力资本集中度上升较快，人力资本控制力呈现较大幅度上升。

表 4-31　　　　石油行业国有经济人力资本控制力计算结果

年份	三大油气公司总人数（万人）	大学以上人数占比	工业企业职工数（万人）	工业企业单位数（家）	人力资本占比	定基分析	人力资本集中度	定基分析	产业链控制力	定基分析	人力资本控制力	定基分析
2013	102.56	29.52%	9791.46	352 546	0.31%	100.00	1230.86	100.00	7.870 0	100.00	29.95	100.00
2014	101.85	31.38%	9977.21	377 888	0.32%	103.60	1285.91	104.47	7.632 5	96.98	31.44	104.97
2015	99.07	32.73%	9775.02	383 148	0.33%	107.28	1294.40	105.16	7.345 0	93.33	31.54	105.29
2016	106.76	31.34%	9475.57	378 599	0.35%	114.20	1421.91	115.52	7.007 5	89.04	35.18	117.46
2017	103.97	32.43%	8957.89	372 729	0.38%	121.73	1442.06	117.16	7.020 0	89.20	38.10	127.22

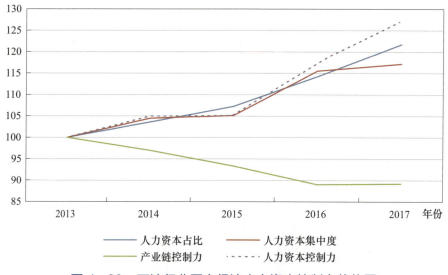

图 4-29　石油行业国有经济人力资本控制力趋势图

4.3.4.4　石油行业国有经济技术资源控制力

2013—2017 年，石油行业国有经济技术资源控制力相关情况如表 4-32 和图 4-30 所示，整体呈现先上升后下降的趋势。石油行业国有经济专利占比呈现先上升后下降的趋势，2013—2014 年专利占比大幅上升，2015 年开始专利占比大幅度持续下降；专利集中度呈现出先上升后下降的趋势，2013—2014 年专利集中度呈现大幅上涨的趋势，2015 年开始专利集中度大幅度下降，并在 2016 年和 2017 年持续下降。

表 4-32　　　　　石油行业国有经济技术资源控制力计算结果

年份	三大油气公司总专利数（项）	工业企业专利数（项）	工业企业单位数（家）	专利占比	定基分析	专利集中度	定基分析	产业链控制力	定基分析	技术资源控制力	定基分析
2013	5000	559 556	352 546	0.008 9	100.00	1050.08	100.00	7.870 0	100.00	73.85	100.00
2014	9392	628 803	377 888	0.014 9	167.42	1881.42	179.17	7.632 5	96.98	214.48	290.45
2015	7273	636 785	383 148	0.011 4	128.09	1458.70	138.91	7.345 0	93.33	122.37	165.71
2016	7091	712 921	378 599	0.009 9	111.24	1255.23	119.54	7.007 5	89.04	87.49	118.48
2017	6772	814 396	372 729	0.008 3	93.26	1033.13	98.39	7.020 0	89.20	60.31	81.67

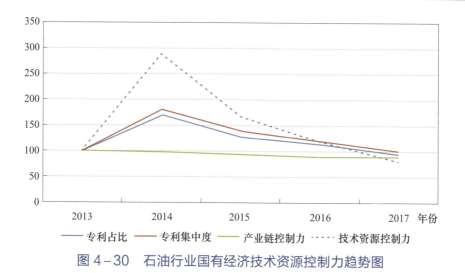

图 4-30　石油行业国有经济技术资源控制力趋势图

4.3.4.5　石油行业国有经济控制力指数

2013—2017 年，石油行业国有经济控制力指数相关情况如表 4-33 和图 4-31

113

所示，整体呈现先升后降的趋势。2013—2014 年，石油行业国有经济技术资源控制力的显著上升拉高了行业控制力指数；2014—2017 年，技术资源控制力的显著下滑拉低了资产控制力指数。总的来看，控制力指数的走势受到技术资源控制力的显著影响，同时叠加资产控制力和资本控制力的下行影响，石油行业国有经济控制力指数在 2014 年后逐年下降。

表 4–33 石油行业国有经济控制力指数计算结果

年份	资产控制力	权重	资本控制力	权重	人力资本控制力	权重	技术资源控制力	权重	控制力指数
2013	100.00	19.57%	100.00	29.58%	100.00	18.82%	100.00	32.03%	100.00
2014	89.55	19.57%	81.74	29.58%	104.97	18.82%	290.45	32.03%	154.49
2015	77.09	19.57%	72.06	29.58%	105.29	18.82%	165.71	32.03%	109.29
2016	65.95	19.57%	60.25	29.58%	117.46	18.82%	118.48	32.03%	90.78
2017	62.79	19.57%	56.09	29.58%	127.22	18.82%	81.67	32.03%	78.98

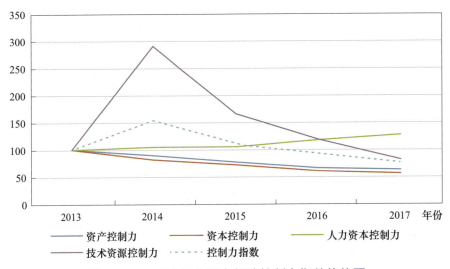

图 4–31 石油行业国有经济控制力指数趋势图

4.3.5　石油行业国有经济影响力评价实证分析

4.3.5.1　石油行业国有经济经济发展影响力

2013—2017 年，石油行业国有经济的经济发展影响力相关情况如表 4-34 和图 4-32 所示，整体呈现持续下行趋势。由于 2015 年国际油价的暴跌，导致石油行业国有经济的收入贡献率在当年大幅下滑，行业税收贡献率也在次年开始逐渐降低，导致石油行业的经济发展影响力呈现下降趋势。但调查数据结果表明，计算期内，石油行业国有经济对行业发展的带动力持续上升。

表 4-34　　　　　　石油行业国有经济经济发展影响力计算结果

年份	行业收入贡献率	定基分析	权重	行业税收贡献率	定基分析	权重	行业发展带动力	定基分析	权重	经济发展影响力
2013	0.011 4	100.00	22.11%	0.000 3	100.00	29.75%	7.362 5	100.00	48.14%	100.00
2014	0.010 6	92.93	22.11%	0.000 3	98.97	29.75%	7.425 0	100.85	48.14%	98.54
2015	0.007 0	62.03	22.11%	0.000 3	100.77	29.75%	7.650 0	103.90	48.14%	93.71
2016	0.005 6	49.46	22.11%	0.000 3	96.62	29.75%	7.825 1	106.28	48.14%	90.84
2017	0.006 6	57.66	22.11%	0.000 3	75.67	29.75%	7.825 0	106.28	48.14%	86.43

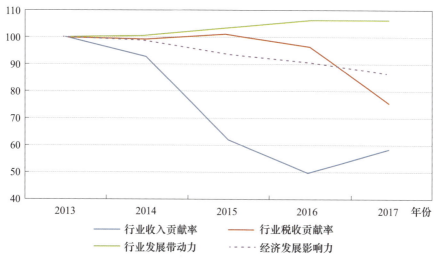

图 4-32　石油行业国有经济经济发展影响力趋势图

4.3.5.2 石油行业国有经济社会发展影响力

2013—2017 年，石油行业国有经济的社会发展影响力相关情况如表 4-35 和图 4-33 所示，整体呈现先降后升再降的波动趋势。石油行业国有经济行业就业吸纳率一直持续下降，反映了行业本身的就业能力和对整个国民经济的就业带动方面逐渐下降。行业慈善投入占比处于上下波动的态势，最低点和最高点分别出现在 2014 年和 2015 年。

表 4-35　　　　　石油行业国有经济社会发展影响力计算结果

年份	行业就业吸纳率	定基分析	权重	行业慈善投入占比	定基分析	权重	社会发展影响力
2013	0.001 0	100.00	78.17%	0.009 5	100.00	21.83%	100.00
2014	0.001 0	98.79	78.17%	0.007 0	73.75	21.83%	93.33
2015	0.000 9	95.88	78.17%	0.014 4	152.11	21.83%	108.15
2016	0.000 9	91.91	78.17%	0.014 2	150.41	21.83%	104.68
2017	0.000 9	88.48	78.17%	0.009 8	103.68	21.83%	91.80

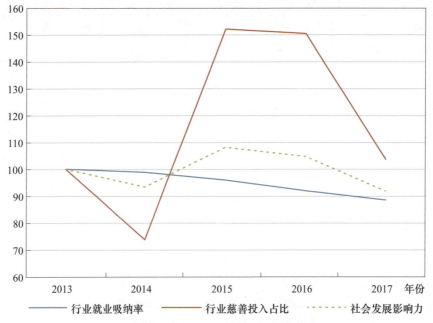

图 4-33　石油行业国有经济社会发展影响力趋势图

4.3.5.3　石油行业国有经济可持续发展影响力

2013—2017 年，石油行业国有经济的可持续发展影响力相关情况如表 4-36 和图 4-34 所示，整体呈现波动中下降的趋势。石油行业国有经济的可持续发展影响力除 2015 年有所回升外，其他四年都在逐年下降，表明 2016 年以来，石油行业国有经济发展对生态环境改善的正向影响力度不足。

表 4-36　　　　　　石油行业国有经济可持续发展影响力计算结果

年份	行业二氧化硫排放占比	可持续发展影响力
2013	0.011 9	100.00
2014	0.013 5	87.87
2015	0.011 2	105.95
2016	0.018 3	64.80
2017	0.021 0	56.61

图 4-34　石油行业国有经济可持续发展影响力趋势图

4.3.5.4　石油行业国有经济影响力指数

2013—2017 年，石油行业国有经济影响力指数相关情况如表 4-37 和图 4-35 所示，整体呈现先降再升再降的波动趋势。2013—2015 年，在社会发展影响力和可持续发展影响力的作用下，石油行业国有经济影响力指数先降后升；2015—2017 年，在社会发展影响力和可持续发展影响力的共同作用下，石油行业国有经济影响力指数持续下降。

表 4-37　　　　　　石油行业国有经济影响力指数计算结果

年份	经济发展影响力	权重	社会发展影响力	权重	可持续发展影响力	权重	影响力指数
2013	100.00	39.50%	100.00	31.67%	100.00	28.83%	100.00
2014	98.54	39.50%	93.33	31.67%	87.87	28.83%	93.81
2015	93.71	39.50%	108.15	31.67%	105.95	28.83%	101.81
2016	90.84	39.50%	104.68	31.67%	64.80	28.83%	87.72
2017	86.43	39.50%	91.80	31.67%	56.61	28.83%	79.53

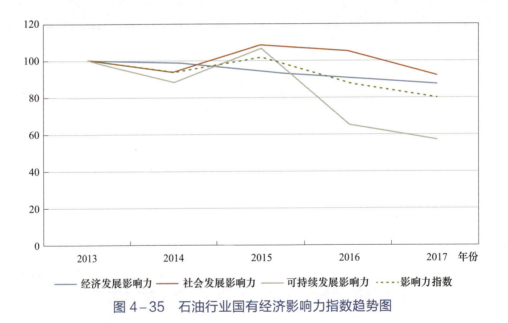

图 4-35　石油行业国有经济影响力指数趋势图

4.3.6　石油行业国有经济抗风险能力评价实证分析

4.3.6.1　石油行业国有经济抗市场风险能力

2013—2017 年，石油行业国有经济抗市场风险能力相关情况如表 4-38 和

图 4-36 所示，整体呈现缓慢下滑趋势。受国际油价持续走低的影响，油气企业营业收入增速放缓甚至是负增长，但营收第一构成比基本保持相对稳定，没有出现明显大幅度下滑的迹象。

表 4-38　　　　　　石油行业国有经济抗市场风险能力计算结果

年份	营收第一构成比	抗市场风险能力
2013	0.739 7	100.00
2014	0.729 3	98.59
2015	0.708 7	95.80
2016	0.705 0	95.30
2017	0.702 0	94.89

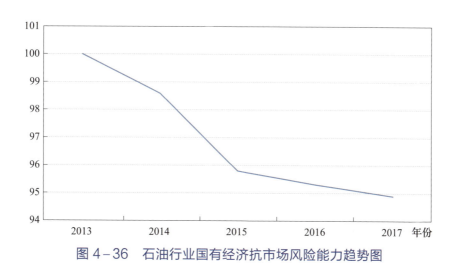

图 4-36　石油行业国有经济抗市场风险能力趋势图

4.3.6.2　石油行业国有经济抗财务风险能力

2013—2017 年，石油行业国有经济抗财务风险能力相关情况如表 4-39 和图 4-37 所示，整体呈现先降后升趋势。资产负债率的倒数和流动比率基本保持稳定，抗财务风险能力主要受利润总额增长率的影响。2013—2015 年，利润总额增长率大幅下滑导致抗财务风险能力持续降低；2015—2017 年，利润总额增长率的反弹带来抗财务风险能力好转。

表 4−39　　　　　石油行业国有经济抗财务风险能力计算结果

年份	资产负债率倒数	定基分析	权重	流动比率	定基分析	权重	利润总额增长率	定基分析	权重	抗财务风险能力
2013	2.074 8	100.00	41.17%	0.721 7	100.00	28.74%	0.047 6	100.00	30.09%	100.00
2014	2.101 9	101.30	41.17%	0.742 9	102.94	28.74%	−0.140 9	−295.87	30.09%	−17.75
2015	2.272 0	109.50	41.17%	0.831 4	115.21	28.74%	−0.479 8	−1007.17	30.09%	−224.91
2016	2.325 7	112.09	41.17%	0.905 6	125.48	28.74%	−0.155 7	−326.78	30.09%	−16.14
2017	2.308 9	111.28	41.17%	0.932 5	129.21	28.74%	0.894 7	1878.10	30.09%	648.14

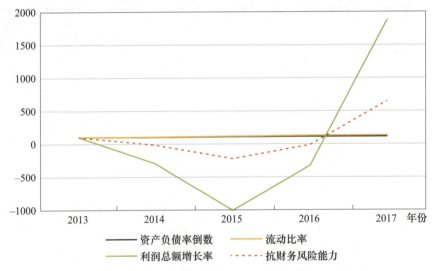

图 4−37　石油行业国有经济抗财务风险能力趋势图

4.3.6.3　石油行业国有经济抗经营风险能力

2013—2017 年，石油行业国有经济抗经营风险能力相关情况如表 4−40 和图 4−38 所示，整体呈"V"型走势。2013—2015 年，受石油企业内控指数下滑的影响，抗经营风险能力持续走低；2015—2017 年，随着石油企业内控指数的提高，抗经营风险能力出现反弹回升。

表 4-40   石油行业国有经济抗经营风险能力计算结果

年份	企业内控指数	抗经营风险能力
2013	782.59	100.00
2014	730.83	93.39
2015	697.77	89.16
2016	733.73	93.76
2017	746.35	95.37

图 4-38   石油行业国有经济抗经营风险能力趋势图

4.3.6.4   石油行业国有经济抗风险能力指数

2013—2017 年,石油行业国有经济抗风险能力指数相关情况如表 4-41 和图 4-39 所示,整体呈"V"型走势。2013—2015 年,主要受抗财务风险能力下降的影响,石油行业国有经济抗风险能力指数持续下滑;2015—2017 年,由于抗财务风险能力的明显提升,拉动石油行业国有经济抗风险能力指数大幅反弹。计算期内,石油行业国有经济抗风险能力指数的走势与该行业利润增长情况保持相同趋势,主要受到抗财务风险能力的影响。

表 4-41　　　　　　　　石油行业国有经济抗风险能力指数计算结果

年份	抗市场风险能力	权重	抗财务风险能力	权重	抗经营风险能力	权重	抗风险能力指数
2013	100.00	32.42%	100.00	27.93%	100.00	39.64%	100.00
2014	98.59	32.42%	−17.75	27.93%	93.39	39.64%	64.03
2015	95.80	32.42%	−224.91	27.93%	89.16	39.64%	3.58
2016	95.30	32.42%	−16.14	27.93%	93.76	39.64%	63.56
2017	94.89	32.42%	648.14	27.93%	95.37	39.64%	249.62

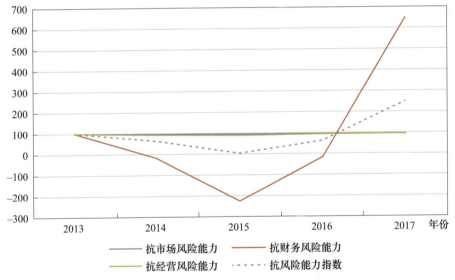

图 4-39　石油行业国有经济抗风险能力指数趋势图

4.3.7　石油行业国有经济"五力"综合指数实证分析

基于前述评估测算，2013—2017 年，石油行业国有经济"五力"综合指数如表 4-42 和图 4-40 所示，呈现先升后降再升的趋势。2013—2014 年，受创新力指数和控制力指数走高的影响，综合指数显著上升；2014—2016 年，受竞争力指数、创新力指数、控制力指数和抗风险能力指数下滑的影响,综合指数明显下降;2016—2017年,受竞争力指数、创新力指数和抗风险能力指数反弹的影响,综合指数显著提升。

表4-42   石油行业国有经济"五力"综合指数计算结果

年份	竞争力指数	权重	创新力指数	权重	控制力指数	权重	影响力指数	权重	抗风险能力指数	权重	综合指数
2013	100.00	18.85%	100.00	19.77%	100.00	21.83%	100.00	24.20%	100.00	15.35%	100.00
2014	90.98	18.85%	134.36	19.77%	154.49	21.83%	93.81	24.20%	64.03	15.35%	109.97
2015	20.38	18.85%	112.40	19.77%	109.29	21.83%	101.81	24.20%	3.58	15.35%	75.11
2016	63.88	18.85%	94.29	19.77%	90.78	21.83%	87.72	24.20%	63.56	15.35%	81.48
2017	142.03	18.85%	105.09	19.77%	78.98	21.83%	79.53	24.20%	249.62	15.35%	122.35

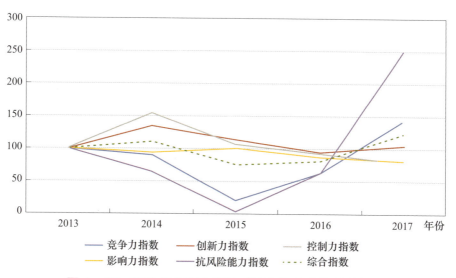

图4-40 石油行业国有经济"五力"综合指数趋势图

4.4 航空运输行业国有经济"五力"指数实证分析

4.4.1 航空运输行业及测算数据基本情况

4.4.1.1 航空运输行业基本情况

民航业是我国经济社会发展重要的战略产业，是现代综合交通运输体系的重要组成部分，是推动产业转型升级的重要引擎。近年来，国家先后出台了《关于促进民航业发展的若干意见》《中国民用航空发展第十三个五年规划》等文件，极大地提升航空运输在综合交通运输体系中的地位。截至 2017 年，民航业完成运输总周转量 1083.08 亿吨公里，较上年增长 12.6%，增幅均超过过去五年的平均增速。

我国民航业起步于 1949 年，是国家垄断的重要行业。随着我国经济市场化改革的深入，民营资本投资于民用航空业的诉求越加强烈。2002 年，我国开启了民航业的市场化改革，将民航总局直属的 9 家航空公司和 4 家服务保障企业联合重组为由国务院国资委管理的中国航空集团公司（简称"国航"）、中国东方航空集团公司（简称"东航"）、中国南方航空集团公司（简称"南航"）三大航空运输集团和中国民航信息集团公司、中国航空油料集团公司、中国航空器材进出口集团公司三大航空服务保障企业。重组后的国有航空集团基本上控制了国内航空市场。2005 年 8 月 15 日，国务院和民航局陆续颁布实施了"非公36 条"和《国内投资民用航空业规定（试行）》，民航业掀起了民营投资热潮。到2006 年底，大众航空、东部快线、昆明航空、西部航空、大唐奇力航空、长城航空货运、德龙航空、春秋航空等近 20 家民营航空公司陆续起飞。

2008 年爆发的金融危机导致国内外航空公司出现巨额亏损，国资委对中国航空集团公司、中国东方航空集团公司、中国南方航空集团公司（简称"三大国有航空公司")进行高额注资,各大银行也陆续提供了高达数百亿元的巨额授信额度。相比之下,民营航空公司由于缺少政府和银行业的救助,经营上出现了前所未有的困难。鹰联航空、深圳航空等民营航空公司被收编为国有。直到 2013 年,民航局才开始逐渐加大民航经营权向民营资本开放的力度,批准筹备组建了包括青岛航空、瑞丽航空、东海航空和浙江长龙在内的新一批民营航空公司。随后,春秋航空、吉祥航空相继在 A 股上市。民营航空公司在中国经历 10 年的"成长期"之后,以上市的姿态迎来了发展的最好时代。

尽管如此,三大国有航空公司在航空运输业领域仍具有至关重要的地位。一是三大国有航空公司是引领行业发展的重要力量。目前三大国有航空公司拥有优质成熟的黄金航线,经营航线的数量和质量保证了持续稳定的盈利能力。作为行业的领头羊,三大国有航空公司承担着推动行业发展的重任。二是三大国有航空公司控制着行业的重要资源。以飞行员为例,三大国有航空公司由于自身的积累和经济实力,能够自行培养和招收优秀的飞行员以及后续的发展机制。以航空油料为例,三大国有航空公司与中航油等同属于国资委管理的国有企业,在油料的供应方面具有天然的优势。三是三大国有航空公司在行业内具有较强的影响力。除了积极发展国内航线外,三大国有航空公司还承担着开拓国际航线、提高我国航空水平的重要责任。消费者更青睐于选择国有航空公司,其品牌的认可度更高,安全可靠性更强。四是三大国有航空公司抗风险能力较强。除了优质的航线资源外,三大国有航空公司都是上市公司,具有较好的公司治理结构以及较强的资本市场融资能力。

4.4.1.2 航空运输行业测算数据来源情况

本书中,航空运输行业"五力"指数的计算过程中需要涉及行业的资产收益率、资产周转率等财务数据,以及授权专利、行业就业率等非财务数据。这些数据的获取方式包括:① 国航、东航和南航三大航空公司的年度财务报告和社会责任报告;② Wind 数据库;③ 国家民航总局;④ 调查问卷;⑤ 国家知识产权局。其中，航空运输行业国有经济相关数据，在行业数据缺失情况下，选择国航、东航和南航三大航空公司数据近似替代。

按照本书第 3 章 3.1 节的计算方法，笔者邀请航空运输行业业内专家对指标相对重要性作出评价，经过 AHP 方法计算，得到航空运输行业"五力"指数各级指标的权重，具体结果见表 4-43。

表 4-43　　　航空运输行业国有经济"五力"指数指标权重情况

一级指标	一级权重	二级指标	二级权重	三级指标	三级权重
国有经济竞争力	25.95%	资源利用效率	47.56%	总资产周转率	12.73%
				营业收入增长率	21.16%
				净资产收益率	33.08%
				人均利润率	33.03%
		国际竞争力	52.44%	开通国际航线数量	100.00%
国有经济创新力	17.69%	创新投入	54.91%	研发投入占比	100.00%
		创新产出	45.09%	行业标准数量	100.00%
国有经济控制力	15.56%	资产控制力	18.91%	国有企业资产总额占比×国有资产集中度×产业链控制力	100.00%
		资本控制力	29.49%	国有企业资本总额占比×国有资本集中度×产业链控制力	100.00%
		人力资本控制力	24.04%	国有企业人力资本总量占比×国有企业人力资本集中度×产业链控制力	100.00%
		技术资源控制力	27.56%	行业国有企业发明专利数占比×国有企业发明专利集中度×产业链控制力	100.00%
国有经济影响力	21.02%	经济发展影响力	44.67%	行业收入贡献率	24.17%
				行业税收贡献率	24.21%
				行业发展带动力	51.62%
		社会发展影响力	35.75%	行业就业吸纳率	73.06%
				社会公益投入收入占比	26.94%
		生态可持续发展影响力	19.58%	污染物排放指标[①]	100.00%

一级指标	一级权重	二级指标	二级权重	三级指标	三级权重
国有经济抗风险能力	19.78%	抗市场风险能力	31.33%	营收第一构成比	100.00%
		抗财务风险能力	33.61%	资产负债率倒数	37.92%
				流动比率	30.07%
				利润总额增长率	32.01%
		抗经营风险能力	35.06%	企业内控指数	100.00%

① 污染物排放指标，航空运输行业选用行业二氧化硫占比。

4.4.2 航空运输行业国有经济竞争力评价实证分析

4.4.2.1 航空运输行业国有经济资源利用效率

航空运输行业国有经济资源利用效率情况如表4-44所示。2013—2017年，航空运输行业总资产周转率呈现下降的趋势，营业收入增长率先升后降再升，净资产收益率出现逐年上升的趋势，人均利润率逐年增加。总体而言，航空运输行业的相关财务指标逐年好转，资源利用效率明显提升。

表 4-44　　　　航空运输行业国有经济资源利用效率计算结果

年份	总资产周转率	定基分析	权重	营业收入增长率	定基分析	权重	净资产收益率	定基分析	权重	人均利润率	定基分析	权重	资源利用效率
2013	0.593 4	100.00	12.73%	−0.014 7	100.00	21.16%	0.030 4	100.00	33.08%	0.050 9	100.00	33.03%	100.00
2014	0.567 0	95.54	12.73%	0.067 8	662.41	21.16%	0.034 1	112.14	33.08%	0.057 1	112.25	33.03%	226.50
2015	0.541 7	91.28	12.73%	0.038 2	460.09	21.16%	0.055 4	182.27	33.08%	0.090 9	178.69	33.03%	228.29
2016	0.532 2	89.68	12.73%	0.042 3	488.25	21.16%	0.056 9	187.19	33.08%	0.099 6	195.85	33.03%	241.34
2017	0.532 8	89.78	12.73%	0.068 6	667.40	21.16%	0.064 2	210.96	33.08%	0.115 1	226.19	33.03%	297.15

航空运输行业国有经济资源利用效率趋势如图4-41所示。2013—2017年，航空运输行业国有经济的资源利用效率呈现上升的趋势。2013—2014年，受营业收入增长率大幅上升的影响，国有经济的资源利用效率增长较快，2014—2017年受净资产收益率和人均利润率的上升，国有经济的资源利用效率缓慢增长。总体而言，航空运输行业国有经济的资源利用效率受净资产收益率和人均利润率的影响较大，航油价格下跌对航空运输行业的利润有显著提升的作用。

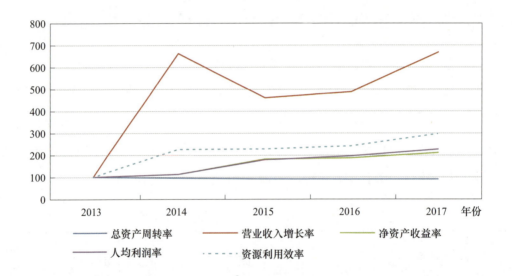

图4-41　航空运输行业国有经济资源利用效率趋势图

4.4.2.2　航空运输行业国有经济国际竞争力

航空运输行业国有经济国际竞争力相关情况如表4-45和图4-42所示。2013—2017年，航空运输行业国有经济的国际竞争力在波动中显著上升。受海外航线运输量的影响，航空运输行业的国际竞争力在波动中总体上升。2013—2016年国际竞争力持续上升，2016—2017年国际竞争力略微下滑。

表 4-45　　　　　　　　航空运输行业国有经济国际竞争力计算结果

年份	开通国际航线数量	国际竞争力
2013	0.075 0	100.00
2014	0.080 5	107.32
2015	0.096 5	128.59
2016	0.105 8	141.04
2017	0.100 5	134.03

注　由于三大航空公司没有入榜世界 500 强企业、品牌 500 强企业且无法搜集到海外资产,因此用开通的国际航线进行替代。

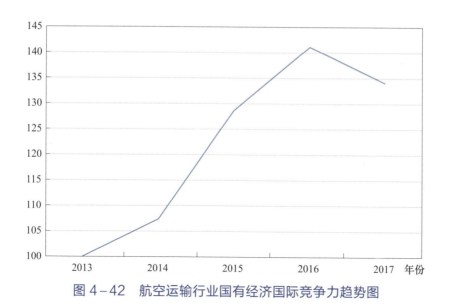

图 4-42　航空运输行业国有经济国际竞争力趋势图

4.4.2.3　航空运输行业国有经济竞争力指数

经拟合,航空运输行业国有经济竞争力指数有关情况如表 4-46 和图 4-43 所示。2013—2017 年,航空运输行业国有经济竞争力指数总体呈现上升的趋势。2013—2017 年受航空运输行业国有经济的资源利用效率和国际竞争力的影响,航空运输行业国有经济竞争力指数持续上升。

表 4-46　　　　　航空运输行业国有经济竞争力指数计算结果

年份	资源利用效率	权重	国际竞争力	权重	竞争力指数
2013	100.00	47.56%	100.00	52.44%	100.00
2014	226.5	47.56%	107.32	52.44%	164.00
2015	228.29	47.56%	128.59	52.44%	176.01
2016	241.34	47.56%	141.04	52.44%	188.74
2017	297.15	47.56%	134.03	52.44%	211.61

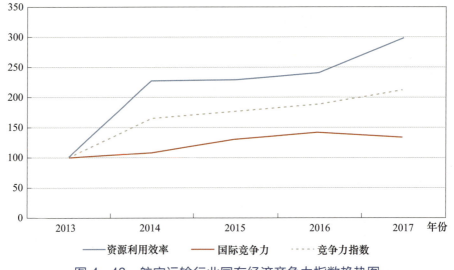

图 4-43　航空运输行业国有经济竞争力指数趋势图

4.4.3　航空运输行业国有经济创新力评价实证分析

4.4.3.1　航空运输行业国有经济创新投入

　　航空运输行业国有经济创新投入情况如表 4-47 和图 4-44 所示。2013—2017 年，航空运输行业国有经济创新投入总体呈现上升的趋势，投入增长率也逐年递增，总体表明航空运输行业国有经济对创新有着极大的重视与投入，重视程度和投入力度逐年增加。

表 4–47　　　　　　航空运输行业国有经济创新投入计算结果

年份	研发投入比	创新投入
2013	0.020 8	100.00
2014	0.032 1	146.70
2015	0.044 9	163.90
2016	0.062 8	208.45
2017	0.105 2	342.18

图 4–44　航空运输行业国有经济创新投入趋势图

4.4.3.2　航空运输行业国有经济创新产出

　　航空运输行业国有经济创新产出情况如表 4–48 和图 4–45 所示。由于航空运输行业没有行业科技进步奖,用行业标准数量数据作为创新产出的指标。2013—2017 年,航空运输行业国有经济的创新产出总体呈现先升后降的趋势,2013—2015 年行业标准数量的上升带动了航空运输行业国有经济的创新力,2015—2016 年行业标准数量的下降导致航空运输行业国有经济的创新力逐年下降。

表 4-48　　　　　　航空运输行业国有经济创新产出计算结果

年份	行业标准数量	创新产出
2013	0.404 0	100.00
2014	0.663 0	164.09
2015	1.000 0	247.51
2016	0.706 3	174.82
2017	0.333 8	82.61

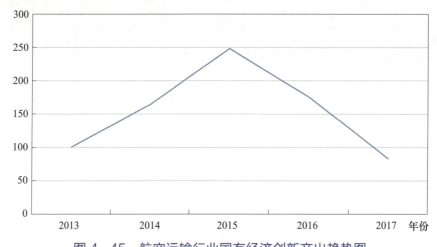

图 4-45　航空运输行业国有经济创新产出趋势图

4.4.3.3　航空运输行业国有经济创新力指数

　　航空运输行业国有经济创新力指数相关情况如表 4-49 和图 4-46 所示。2013—2017 年，航空运输行业国有经济的创新产出总体呈现先升后降再升的趋势，2013—2015 年研发投入占比和行业标准数量的上升带动了航空运输行业国有经济的创新力，2015—2016 年行业标准数量的下降导致航空运输行业国有经济创新力的下降。

表 4-49　　　　　　航空运输行业国有经济创新力指数计算结果

年份	创新投入	权重	创新产出	权重	创新力指数
2013	100.00	54.91%	100.00	45.09%	100.00
2014	146.70	54.91%	164.09	45.09%	154.54
2015	163.90	54.91%	247.51	45.09%	201.60
2016	208.45	54.91%	174.82	45.09%	193.29
2017	342.18	54.91%	82.61	45.09%	225.14

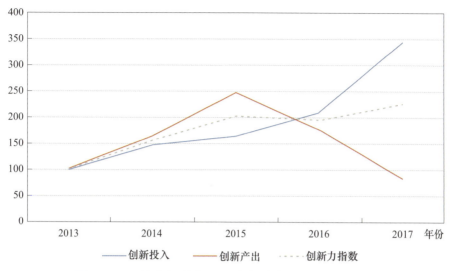

图 4-46　航空运输行业国有经济创新力指数趋势图

4.4.4　航空运输行业国有经济控制力评价实证分析

4.4.4.1　航空运输行业国有经济资产控制力

航空运输行业国有经济资产控制力相关情况如表 4-50 和图 4-47 所示。2013—2017 年，航空运输行业国有经济资产控制力呈逐年下降的趋势。三大航空公司总资产和航空运输行业上市公司总资产呈逐年增加的趋势，但是前者上升的幅度低于后者，导致资产占比和资产集中度逐年下降，最终资产控制力也呈逐年下降的趋势，这在一定程度上也说明了航空运输行业民营经济在不断发展。

表 4-50　　　　　　　航空运输行业国有经济资产控制力计算结果

年份	三大航空公司总资产（百万元）	航空上市企业总资产（百万元）	上市企业数（家）	资产占比	定基分析	资产集中度	定基分析	产业链控制力	定基分析	资产控制力	定基分析
2013	508 283.39	745 599.42	10	0.681 7	100.00	2.272 4	100.00	7.981 3	100.00	12.363 8	100.00
2014	562 881.87	844 419.18	10	0.666 6	97.78	2.222 0	97.78	6.968 8	87.31	10.321 7	83.48
2015	595 662.54	896 025.82	10	0.664 8	97.52	2.215 9	97.51	6.762 5	84.73	9.962 0	80.57
2016	634 640.19	989 185.39	10	0.641 6	94.12	2.138 6	94.11	6.556 3	82.15	8.995 7	72.76
2017	681 510.82	1 141 504.43	10	0.597 0	87.58	1.990 1	87.58	6.518 8	81.68	7.745 2	62.64

133

图 4-47　航空运输行业国有经济资产控制力趋势图

4.4.4.2　航空运输行业国有经济资本控制力

航空运输行业国有经济资本控制力相关情况如表 4-51 和图 4-48 所示。2013—2016 年，航空运输行业国有经济资本控制力逐年下降，2016—2017 年出现反弹。三大航空公司资本和航空运输行业上市公司资本都逐年增加，2013—2016 年由于前者上升的幅度明显小于后者，导致资本占比和资本集中度呈现逐年下降的趋势，2016—2017 年资本占比和资本集中度出现反弹。受资本占比和资本集中度的影响，航空运输行业国有经济资本控制力在 2013—2016 年逐年下降，2016—2017 年出现反弹，总体而言，航空运输行业国有经济资本控制力呈现下降的趋势。

表 4-51　　　　　航空运输行业国有经济资本控制力计算结果

年份	三大航空公司资本（百万元）	航空上市企业资本（百万元）	上市企业数（家）	资本占比	定基分析	资本集中度	定基分析	产业链控制力	定基分析	资本控制力	定基分析
2013	57 984.62	164 388.83	10	0.352 7	100.00	1.175 8	100.00	7.981 3	100.00	3.310 0	100.00
2014	59 488.14	179 465.88	10	0.331 5	93.99	1.104 9	93.97	6.968 8	87.31	2.552 3	77.11
2015	66 631.60	212 221.14	10	0.314 0	89.03	1.046 6	89.01	6.762 5	84.73	2.222 1	67.13
2016	76 518.11	275 219.19	10	0.278 0	78.82	0.926 8	78.82	6.556 3	82.15	1.689 3	51.04
2017	94 959.21	316 911.91	10	0.299 6	84.94	0.998 8	84.95	6.518 8	81.68	1.950 9	58.94

图 4-48 航空运输行业国有经济资本控制力趋势图

4.4.4.3 航空运输行业国有经济人力资本控制力

航空运输行业国有经济人力资本控制力相关情况如表 4-52 和图 4-49 所示。2013—2017 年,航空运输行业国有经济人力资本控制力总体呈逐年下降的趋势。2013—2014 年,受产业链控制力下降的影响,人力资本控制力大幅下滑;2014—2017 年,在人力资本集中度下降的作用下,人力资本控制力呈缓慢下滑的趋势。

表 4-52　　航空运输行业国有经济人力资本控制力计算结果

年份	三大航空公司总人数（人）	大学以上人数占比	航空上市企业职工数（人）	上市企业单位数（家）	人力资本占比	定基分析	人力资本集中度	定基分析	产业链控制力	定基分析	人力资本控制力	定基分析
2013	213 903	38.04%	249 756	10	0.325 8	100.00	2.854 8	100.00	7.981 3	100.00	7.423 2	100.00
2014	220 534	39.62%	259 777	10	0.336 3	103.24	2.829 8	99.12	6.968 8	87.31	6.632 9	89.35
2015	235 609	41.67%	279 729	10	0.351 0	107.73	2.807 6	98.35	6.762 5	84.73	6.663 8	89.77
2016	248 487	41.79%	295 283	10	0.351 7	107.94	2.805 1	98.26	6.556 3	82.15	6.467 6	87.13
2017	255 017	46.48%	331 878	10	0.357 2	109.63	2.561 1	89.72	6.518 8	81.68	5.963 5	80.34

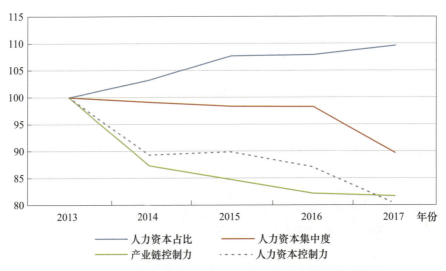

图 4-49　航空运输行业国有经济人力资本控制力趋势图

4.4.4.4　航空运输行业国有经济技术资源控制力

航空运输行业国有经济技术资源控制力相关情况如表 4-53 和图 4-50 所示。2013—2017 年,航空运输行业国有经济技术资源控制力呈现先降再升再降的变化趋势。五年间,三大航空公司专利数和航空运输行业上市公司专利数呈现先降再升的趋势,由于两者增幅变化较大,以及受航空运输行业上市公司数量的影响,2013—2014 年,专利占比和专利集中度出现下降,技术资源控制力随之下降;2014—2016 年,专利占比和专利集中度上升,技术资源控制力随之上升;2016—2017 年,技术资源控制力随专利占比和专利集中度的下降而下降。

表 4-53　　航空运输行业国有经济技术资源控制力计算结果

年份	三大航空公司专利数（项）	航空上市企业专利数（项）	上市企业单位数（家）	专利占比	定基分析	专利集中度	定基分析	产业链控制力	定基分析	技术资源控制力	定基分析
2013	26	27	10	0.963 0	100.00	3.209 9	100.00	7.981 3	100.00	24.670 0	100.00
2014	10	24	10	0.416 7	43.27	1.388 9	43.27	6.968 8	87.31	4.032 8	16.35
2015	16	19	10	0.842 1	87.45	2.807 0	87.45	6.762 5	84.73	15.985 2	64.80
2016	15	17	10	0.882 4	91.63	2.941 2	91.63	6.556 3	82.15	17.014 5	68.97
2017	44	70	10	0.628 6	65.28	2.095 2	65.27	6.518 8	81.68	8.585 2	34.80

图 4-50　航空运输行业国有经济技术资源控制力趋势图

专利占比　专利集中度　产业链控制力　技术资源控制力

4.4.4.5　航空运输行业国有经济控制力指数

经拟合,航空运输行业国有经济控制力指数相关情况如表4-54和图4-51所示。2013—2017 年,航空运输行业国有经济控制力指数呈现先降后升再降的趋势。2013—2014 年,受资产控制力、资本控制力、人力资本控制力和技术资源控制力共同下降的影响,航空运输行业国有经济控制力指数呈现快速下降;2014—2015 年,受技术资源控制力显著上升的影响,航空运输行业国有经济控制力指数快速反弹;2015—2017 年,在资产控制力和人力资本控制力共同下降的作用下,航空运输行业国有经济控制力指数呈现下降的趋势。

表 4-54　　　　　航空运输行业国有经济控制力指数计算结果

年份	资产控制力	权重	资本控制力	权重	人力资本控制力	权重	技术资源控制力	权重	控制力指数
2013	100.00	18.91%	100.00	29.49%	100.00	24.04%	100.00	27.56%	100.00
2014	83.48	18.91%	77.11	29.49%	89.35	24.04%	16.35	27.56%	64.51
2015	80.57	18.91%	67.13	29.49%	89.77	24.04%	64.80	27.56%	74.47
2016	72.76	18.91%	51.04	29.49%	87.13	24.04%	68.97	27.56%	68.76
2017	62.64	18.91%	58.94	29.49%	80.34	24.04%	34.80	27.56%	58.13

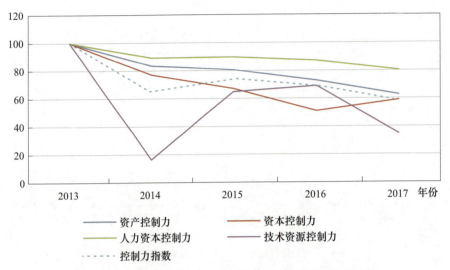

图 4-51　航空运输行业国有经济控制力指数趋势图

4.4.5　航空运输行业国有经济影响力评价实证分析

4.4.5.1　航空运输行业国有经济经济发展影响力

　　航空运输行业国有经济经济发展影响力相关情况如表 4-55 和图 4-52 所示。2013—2017 年，航空运输行业国有经济经济发展影响力呈稳定上升的趋势。这很大程度上得益于行业发展带动力稳步提升的影响。2013—2015 年，由于行业收入贡献率和行业税收贡献率的下滑，导致经济发展影响力增长速度较缓；2015—2017 年，行业收入贡献率的大幅回升，导致经济发展影响力的增长速度较快。

表 4-55　　　航空运输行业国有经济经济发展影响力计算结果

年份	行业收入贡献率	定基分析	权重	行业税收贡献率	定基分析	权重	行业发展带动力	定基分析	权重	经济发展影响力
2013	0.038 0	100.00	24.17%	0.020 5	100.00	24.21%	6.762 5	100.00	51.62%	100.00
2014	0.039 0	102.63	24.17%	0.018 0	87.84	24.21%	7.900 0	116.82	51.62%	106.37
2015	0.027 0	71.05	24.17%	0.024 7	120.53	24.21%	8.418 8	124.49	51.62%	110.61
2016	0.044 0	115.79	24.17%	0.024 9	121.30	24.21%	8.806 3	130.22	51.62%	124.57
2017	0.062 0	163.16	24.17%	0.024 3	118.59	24.21%	9.056 3	133.92	51.62%	137.28

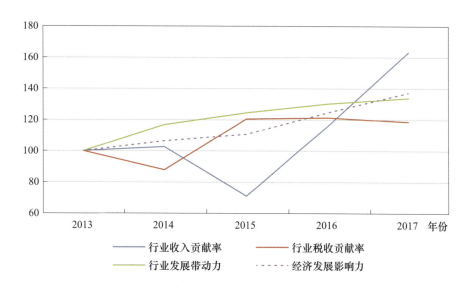

图 4-52　航空运输行业国有经济经济发展影响力趋势图

4.4.5.2　航空运输行业国有经济社会发展影响力

航空运输行业国有经济社会发展影响力情况如表 4-56 和图 4-53 所示。

2013—2017 年,航空运输行业国有经济社会发展影响力在波动中上升。行业就业吸纳率呈平稳下降的趋势,行业慈善投入占比呈先升后降再升的趋势,决定了社会发展影响力的走势。

表 4-56　　航空运输行业国有经济社会发展影响力计算结果

年份	行业就业吸纳率	定基分析	权重	行业慈善投入占比	定基分析	权重	社会发展影响力
2013	0.432 7	100.00	73.06%	0.001 0	100.00	26.94%	100.00
2014	0.434 3	100.37	73.06%	0.002 8	280.00	26.94%	148.76
2015	0.425 8	98.41	73.06%	0.002 0	200.00	26.94%	125.77
2016	0.417 4	96.46	73.06%	0.002 5	250.00	26.94%	137.83
2017	0.408 5	94.41	73.06%	0.003 6	360.00	26.94%	165.96

图 4-53　航空运输行业国有经济社会发展影响力趋势图

4.4.5.3　航空运输行业国有经济可持续发展影响力

　　航空运输行业国有经济可持续发展影响力相关情况如表 4-57 和图 4-54 所示。2013—2017 年，航空运输行业国有经济可持续发展影响力持续下滑。行业二氧化硫排放占比逐年增加，根据其倒数计算得出的可持续发展影响力则逐年下降。

表 4-57　　　　航空运输行业国有经济可持续发展影响力计算结果

年份	行业二氧化硫排放占比	可持续发展影响力
2013	0.004 9	100.00
2014	0.005 5	89.32
2015	0.006 3	79.05
2016	0.006 9	71.71
2017	0.007 2	68.81

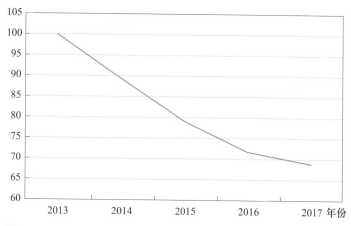

图 4-54　航空运输行业国有经济可持续发展影响力趋势图

4.4.5.4　航空运输行业国有经济影响力指数

经拟合,航空运输行业国有经济影响力指数相关情况如表 4-58 和图 4-55 所示。2013—2017 年,航空运输行业国有经济影响力指数呈先上升再下降再上升趋势。2013—2014 年,在经济发展影响力和社会发展影响力共同上升的带动下,航空运输行业国有经济影响力指数保持上升趋势。2014—2015 年,受社会发展影响力和可持续发展影响力下降的影响,航空运输行业国有经济影响力指数出现下滑。2015—2017 年,受经济发展影响力和社会发展影响力的影响,航空运输行业国有经济影响力指数稳定提升。

表 4-58　　航空运输行业国有经济影响力指数的计算结果

年份	经济发展影响力	权重	社会发展影响力	权重	可持续发展影响力	权重	影响力指数
2013	100.00	44.67%	100.00	35.75%	100.00	19.58%	100.00
2014	106.37	44.67%	148.76	35.75%	89.32	19.58%	118.19
2015	110.61	44.67%	125.77	35.75%	79.05	19.58%	109.85
2016	124.57	44.67%	137.83	35.75%	71.71	19.58%	118.96
2017	137.28	44.67%	165.96	35.75%	68.81	19.58%	134.13

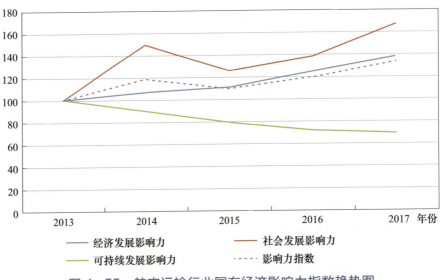

图 4-55　航空运输行业国有经济影响力指数趋势图

4.4.6　航空运输行业国有经济抗风险能力评价实证分析

4.4.6.1　航空运输行业国有经济抗市场风险能力

　　航空运输行业国有经济抗市场风险能力相关情况如表 4-59 和图 4-56 所示。2013—2017 年，航空运输行业国有经济抗市场风险能力呈现先降后升的趋势。2013—2014 年，受三大航空公司营收第一构成比下降的影响，航空运输行业国有经济抗市场风险能力急速下降。2014—2016 年，下降速度有所减缓，但仍处于下降趋势。2016—2017 年，三大航空公司中个别航空公司营收第一构成比显著提升，带动航空运输行业国有经济整体抗市场风险能力反弹。

表 4-59　　航空运输行业国有经济抗市场风险能力计算结果

年份	营收第一构成比	抗市场风险能力
2013	0.909 8	100.00
2014	0.903 6	99.32
2015	0.903 1	99.27
2016	0.902 8	99.23
2017	0.905 1	99.49

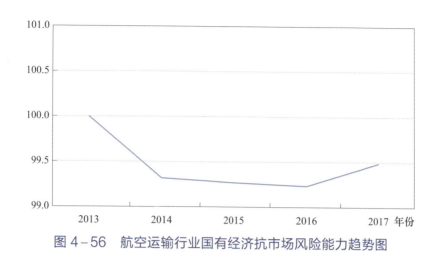

图 4-56   航空运输行业国有经济抗市场风险能力趋势图

4.4.6.2   航空运输行业国有经济抗财务风险能力

航空运输行业国有经济抗财务风险能力相关情况如表 4-60 和图 4-57 所示。2013—2017 年，航空运输行业国有经济抗财务风险能力在波动中上升。2013—2015 年，受资产负债率倒数的上升的影响，抗财务风险能力大幅提升；2015—2016 年，资产负债率倒数的下降，导致抗财务风险能力下滑，2016—2017 年，受资产负债率倒数和利润总额增长率上升的影响，抗财务风险能力小幅上升。总体而言，航空运输行业国有经济抗财务风险能力的趋势与资产负债率倒数基本保持一致。

表 4-60   航空运输行业国有经济抗财务风险能力计算结果

年份	资产负债率倒数	定基分析	权重	流动比率	定基分析	权重	利润总额增长率	定基分析	权重	抗财务风险能力
2013	1.331 2	100.00	37.92%	0.347 7	100.00	30.07%	−0.321 7	100.00	32.01%	100.00
2014	1.310 1	98.42	37.92%	0.386 3	111.10	30.07%	0.262 0	281.43	32.01%	160.82
2015	1.348 1	101.28	37.92%	0.310 3	89.23	30.07%	0.739 4	429.82	32.01%	202.82
2016	1.399 9	105.16	37.92%	0.248 1	71.35	30.07%	0.156 5	248.65	32.01%	140.92
2017	1.456 5	109.42	37.92%	0.258 4	74.31	30.07%	0.199 2	261.93	32.01%	147.68

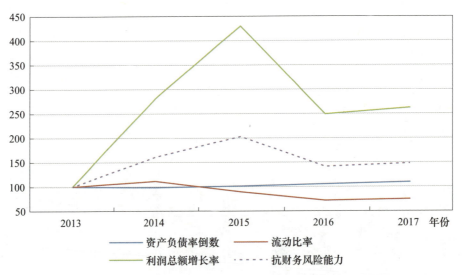

图 4-57　航空运输行业国有经济抗财务风险能力趋势图

4.4.6.3　航空运输行业国有经济抗经营风险能力

航空运输行业国有经济抗经营风险能力相关情况如表 4-61 和图 4-58 所示。近五年，航空运输行业国有经济抗经营风险能力呈现先降后升再降的趋势。2013—2014 年，航空运输行业国有经济抗经营风险能力呈下降趋势，主要受业内个别企业内控指数下滑的影响。2014—2015 年，由于个别企业内控指数大幅反弹，带动航空运输行业国有经济抗经营风险能力上升。2015—2017 年，三大航空公司内控指数普遍下降，导致航空运输行业国有经济抗经营风险能力持续下滑。

表 4-61　　　　航空运输行业国有经济抗经营风险能力计算结果

年份	企业内控指数	抗经营风险能力
2013	782.607 5	100.00
2014	767.764 4	98.10
2015	788.670 4	100.77
2016	781.925 8	99.91
2017	733.325 0	93.70

图 4-58　航空运输行业国有经济抗经营风险能力趋势图

4.4.6.4　航空运输行业国有经济抗风险能力指数

经拟合，航空运输行业国有经济抗风险能力指数相关情况如表 4-62 和图 4-59 所示。2013—2017 年，航空运输行业国有经济抗风险能力指数总体呈现上升的趋势。2013—2015 年，受抗财务风险能力大幅提升的影响，抗风险能力指数显著上升；2015—2017 年，抗财务风险能力先下降后保持稳定，抗风险能力指数随之下降和保持稳定。总体而言，航空运输行业国有经济抗财务风险能力较大地影响抗风险能力指数的趋势。

表 4-62　　　航空运输行业国有经济抗风险能力指数计算结果

年份	抗市场风险能力	权重	抗财务风险能力	权重	抗经营风险能力	权重	抗风险能力指数
2013	100.00	31.33%	100.00	33.61%	100.00	35.06%	100.00
2014	99.32	31.33%	160.82	33.61%	98.10	35.06%	119.56
2015	99.27	31.33%	202.82	33.61%	100.77	35.06%	134.60
2016	99.23	31.33%	140.92	33.61%	99.91	35.06%	113.48
2017	99.49	31.33%	147.68	33.61%	93.70	35.06%	113.66

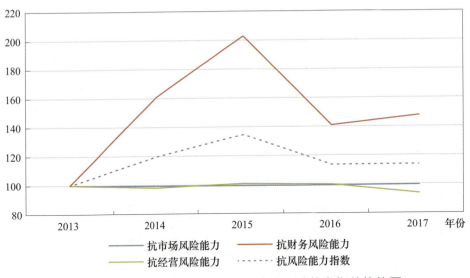

图 4-59　航空运输行业国有经济抗风险能力指数趋势图

4.4.7　航空运输行业国有经济"五力"综合指数实证分析

基于前述评估测算，航空运输行业国有经济"五力"综合指数相关情况如表 4-63 和图 4-60 所示。2013—2017 年，航空运输行业国有经济"五力"综合指数总体呈上升的趋势，2013—2015 年受竞争力指数、创新力指数、控制力指数和抗风险能力指数的上升影响，综合指数增长较快；2015—2016 年，受抗风险能力指数、控制力指数和创新力指数下降的影响，综合指数略微下滑；2016—2017 年，在竞争力指数、创新力指数和影响力指数的带动下，综合指数略微上升。总体而言，航空运输行业国有经济"五力"综合指数主要受抗风险能力指数的影响，这主要是由于行业长期偿债能力的改善。

表 4-63　　航空运输行业国有经济"五力"综合指数计算结果

年份	竞争力指数	权重	创新力指数	权重	控制力指数	权重	影响力指数	权重	抗风险能力指数	权重	综合指数
2013	100.00	25.95%	100.00	17.69%	100.00	15.56%	100.00	21.02%	100.00	19.78%	100.00

续表

年份	竞争力指数	权重	创新力指数	权重	控制力指数	权重	影响力指数	权重	抗风险能力指数	权重	综合指数
2014	164.00	25.95%	154.54	17.69%	64.51	15.56%	118.19	21.02%	119.56	19.78%	128.43
2015	176.01	25.95%	201.60	17.69%	74.47	15.56%	109.85	21.02%	134.60	19.78%	142.64
2016	188.74	25.95%	193.29	17.69%	68.76	15.56%	118.96	21.02%	113.48	19.78%	141.32
2017	211.61	25.95%	225.14	17.69%	58.13	15.56%	134.13	21.02%	113.66	19.78%	154.46

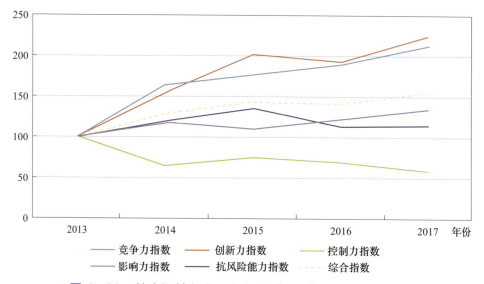

图 4-60 航空运输行业国有经济"五力"综合指数趋势图

结论与展望

5.1　主要结论

本书从国有经济内涵、改革历程及功能作用等基本理论出发，立足国有经济发展实际与新时期功能作用，提出国有经济竞争力、创新力、控制力、影响力、抗风险能力的内涵，剖析了五者之间的关系，构建了反映五个力发展水平的指数指标体系，建立了计算模型，并选取三个典型行业开展实证分析，取得的主要结论如下：

（1）国有经济"竞争力"主要体现为国有经济通过高效地吸引、配置和利用资本、人才、技术等关键要素，提高经济活动的要素投入—产出比，实现有效地向市场提供产品和服务并转换为经济发展动力，在国内市场竞争和参与全球化市场竞争中获得盈利和声望。国有经济竞争力指数的指标体系从国有经济资源利用效率和国际竞争力两个方面构建。

（2）国有经济"创新力"主要体现为国有经济主体通过有效实施创新投入、开展创新活动，实现创新驱动发展的能力，包括技术进步、知识增长、人力资本提升等。国有经济创新力指数的指标体系从国有经济创新投入和创新产出两个方面构建。

（3）国有经济"控制力"主要体现为通过掌握和利用核心生产力要素，来实现在关键领域或部门发挥主导作用，协调其他所有制经济共同发展。国有经济控制力指数的指标体系从资产、资本、人力资本、技术资源四类要素维度，从数量控制、质量控制两种控制形式进行构建。

（4）国有经济"影响力"主要体现为国有经济通过强化自身发展、优化转型升级，实现对产业链上下游的带动作用、对经济转型的促进作用，实现对我国经济社会发展、生态文明进步的贡献。国有经济影响力指数的指标体系从对经济增长的贡献、对社会福祉的贡献、对生态可持续发展的促进贡献三个维度进行构建。

（5）国有经济"抗风险能力"主要体现为国有经济抵抗内外部环境变化带来的损失的不确定性的能力。国有经济抗风险能力指数的指标体系从抗市场风险能力、抗财务风险能力和抗经营风险能力三个维度进行构建。

（6）从实证分析的结果来看，2013—2017年，受到经济增速趋缓以及行业重组等原因，电力行业国有经济"五力"综合指数呈现稳步上升的趋势；受到国际油价波动等典型因素影响，石油行业国有经济"五力"综合指数先升后降再升；航空运输行业因竞争力和创新力的影响拉动，国有经济"五力"综合指数总体呈上升的趋势。总体而言，国有经济"五力"综合指数以及竞争力、创新力、控制力、影响力、抗风险能力等指数的变动趋势，基本符合本行业发展运行总体特征，构建的指数体系能够在一定程度上对行业运行态势进行刻画和表达。

5.2 研究展望

本书提供了一个全面系统的国有经济"五力"指数构建与评价框架，构建的评价指标体系是对国有经济运行质量和发展状态的量化评估体系，既可应用于整个国民经济层面对国有经济这一组成部分进行评价，也可用于某一行业内国有企业群体的"五力"评价。由于研究视野和经验的局限，未来仍有诸多优化与完善的空间，对于国有经济"五力"指数构建与评价的应用仍有许多工作要做，值得国有经济研究者继续探索。

一是积极应用国有经济"五力"评价指标体系，建立常态化数据收集和分析机制，持续跟踪评价国有经济发展质效。本书构建的国有经济"五力"指标体系，力求科学、精炼，反映国有经济高质量发展要求的本质，基于扎实的理论基础，采用科学的方法，具有广泛的应用前景。因此，可建立常态化数据收集和分析机制，在更大范围内积极开展指标体系的实证测算分析。

二是立足于国有经济的发展阶段，合理设定评价权重和赋分标准。国有经济在不同发展阶段的"功能作用""结构布局"和"主要矛盾"均存在一定的差异性。因此，在应用国有经济"五力"指标体系进行分析时，需结合当期经济发展的客观实际，科学确定各指标的重要性及其权重，合理选择指标得分与评价的参照标准，从而得出科学合理、有参考价值的研究结论。

三是动态调整优化国有经济"五力"指标体系，确保指标体系科学务实。我国经济发展的实践在不断深化，中央对经济进行宏观调控的理论也在不断创新。从长期来看，国有经济"五力"指标体系需要动态调整。同时，在行业指数计算过程中，可以适当增加表征本行业发展运行特征的差异性指标，进一步提升"五力"指数指标体系的科学性和有效性。

参 考 文 献

[1] 孔淑红，曾铮. 国际投资学（第二版）[M]. 北京：对外经济贸易大学出版社，2005.

[2] 楼海淼，孙秋碧. 基于因子分析的我国各省经济活力评价研究 [J]. 福州大学学报（哲学社会科学版），2005（3）：32－35.

[3] 张国. 新时期中国国有经济活力研究 [C]. 国有经济论丛（2013）——国有经济发展与完善市场经济体制 [M]. 长春：吉林大学出版社，2013.

[4] 华中南. 从三个核心因素看提升国企活力 [J]. 企业管理，2017（2）：10－13.

[5] 戴启昌. 浅谈国有企业改革中的企业活力与自律能力 [J]. 中国经贸导刊，2017（11）：47－48.

[6] 葛俊杰. 激发国有企业发展活力 [J]. 上海国资，2015（3）：30－31.

[7] 周海晨，陈俊豪. 有效增强国有企业活力的三大举措 [J]. 经济研究参考，2017（21）：19－22.

[8] 王荣红. 关于国有经济控制力与国有经济结构战略调整的思考 [J]. 改革与战略，2009（1）：43－45.

[9] 李杰，段龙龙. 国有经济主导作用弱化的深层次因素分析 [J]. 四川大学学报（哲学社会科学版），2013（3）：53－61.

[10] 张林山，刘现伟. 不断增强国有经济的活力、控制力、影响力 [J]. 中国经贸导刊，2015（16）：23－26.

[11] 张明之. 产业控制力视野中的国有资本战略性调整 [J]. 现代经济探讨，2013（3）：25－29.

[12] 李钢，何然. 国有经济的行业分布与控制力提升：由工业数据测度 [J]. 改革，2014（1）：124－137.

[13] 周新城，王世崇. 国有经济控制力问题研究 [J]. 黑龙江社会科学，2012（4）：52－55.

[14] 国家统计局课题组. 对国有经济控制力的量化分析 [J]. 统计研究，2001（1）：3－10.

[15] 陈鸿. 国有经济布局 [M]. 北京：中国经济出版社，2012.

[16] 王正宇. 不断增强国有经济活力控制力影响力 [J]. 群众, 2013 (6): 51-52.

[17] 于建原, 赵淳宇. 市场影响力对企业创新绩效影响的分析及建议 [J]. 经济社会体制比较, 2009 (6): 168-172.

[18] 张长海. 企业影响力、会计稳健性与资源配置效率 [D]. 广州: 暨南大学, 2010.

[19] 田惠敏, 韩乃志. 中国企业海外影响力现状、制约因素与对策 [J]. 中国市场, 2014 (23): 15-22.

[20] 汤吉军, 安然. 国有企业跨国并购风险防范的制度研究[J]. 经济体制改革, 2015(3): 118-123.

[21] 于上游, 朱雪华. 央企金融业务风险防范 [J]. 中国金融, 2017 (1): 87-88.

[22] 汤吉军, 安然. 发展混合所有制经济的风险防范与治理 [J]. 江汉论坛, 2016 (5): 18-22.

[23] 周晓丹. 外向型中小企业抗风险能力评价研究 [J]. 商业文化, 2011 (3): 151-152.

[24] 孙良斌, 喻晓玲. 后金融危机时代新疆兵团上市企业抗风险能力的实证分析 [J]. 发展研究, 2011 (9): 46-49.

[25] 易伟. 经济活力研究文献综述 [J]. 合作经济与科技, 2015 (10): 38-39.

[26] 韩利红, 赵冰琴. 企业活力评价的数学模型研究 [J]. 河北科技大学学报, 2010, 31 (1): 81-86.

[27] 谭劲松, 王文焕. 公有制主体地位的衡量标准与评价体系研究 [J]. 马克思主义研究, 2010 (10): 65-74.

[28] 刘震伟, 张正博. 国有经济活力、控制力和影响力指标构架研究——以上海国有经济为例[J]. 上海市经济管理干部学院学报, 2008, 6 (6): 5-13.

[29] 郑敏, 奉小斌. 基于模糊层次分析法的第三方物流企业活力评价 [J]. 物流科技, 2008, 31 (2): 114-116.

[30] 胡斌, 徐辉. 基于模糊数学综合理论的国有企业活力评价应用模型研究 [J]. 工业技术经济, 2000, 19 (2): 62-64.

[31] 刘佳宁. 国有经济控制力定量分析 [D]. 长春: 吉林大学, 2015.

[32] 周磊. 中国国有经济控制力评价及分析 [D]. 长春: 吉林大学, 2015.

[33] 盛毅. 用行业集中度确定国有经济控制力的数量界限 [J]. 经济体制改革, 2010 (6): 15 – 20.

[34] 谢敏. 开放市场经济条件下中国国有经济控制力研究 [D]. 天津: 南开大学, 2010.

[35] 王江, 周雅, 郑广超. 工业企业国有经济控制力研究 [J]. 北方经济, 2009 (10): 14 – 15.

[36] 王岳平, 葛岳静. 我国产业结构的投入产出关联特征分析 [J]. 管理世界, 2007 (2): 61 – 68.

[37] 沈利生. 重新审视传统的影响力系数公式——评影响力系数公式的两个缺陷 [J]. 数量经济技术经济研究, 2010 (2): 133 – 141.

[38] 方慧姝. 北京高技术产业影响力评价的理论与方法 [D]. 北京: 北方工业大学, 2008.

[39] 闫燕. 大型企业国际竞争力与国家竞争力的关联研究 [D]. 上海: 复旦大学, 2012.

[40] 钞鹏. 对外直接投资对母国的就业效应及其传导机制 [J]. 广西社会科学, 2011 (3): 58 – 61.

[41] 潘琰, 胡海全. 企业风险承受能力应当如何评价?——指标体系构建与评价方法的探讨 [J]. 福州大学学报 (哲学社会科学版), 2013, 27 (1): 39 – 46.

[42] 李春玲, 张玉清. 有效防范国有资产管理风险的对策研究 [J]. 价格月刊, 2007 (9).

[43] 王灏. 浅论国有大型基础设施投资企业的风险管理 [J]. 宏观经济研究, 2008 (1): 44 – 47.

[44] 王晓霞. 国有企业风险管理审计的责任与目标构建 [J]. 审计研究, 2010 (3): 54 – 58.

[45] 潘勤华, 张锡锋, 章进艺. 浙江纺织产业集群抗风险能力评价及对策 [J]. 同济大学学报 (自然科学版), 2011, 39 (11): 1720 – 1724.

[46] 罗冠劼. 上海金桥出口加工区企业抗风险能力的测评与分析 [J]. 统计科学与实践, 2010 (6): 28 – 30.